42

47

54

110

STADT OST

INNERE STADT WEST

NEUBAU & NORDEN

MARIAHILF & WIEDEN

LANDSTRASSE & PRATER

Hello
Das bin ich

LISA BÖGELEIN

Mein liebster Ort
in Wien?
Alles mit Ausblick!
Ich liebe es, die
komplette Stadt
überblicken zu können.

Mein Wiener
Lieblingsgericht?

Natürlich ein Wiener Schnitzel –
am besten vom Figlmüller!

Wherever
YOU GO,
GO WITH
ALL YOUR
heart

Guide Me

Das bin ich

4 LISA BÖGELEIN >> @OHHEYLISA_

WIEN AUF EINEN BLICK
6 ÜBERSICHTSKARTE WIEN UND 15 HIGHLIGHTS

VOR DEINER REISE
8 GUT ZU WISSEN & SPRACHFÜHRER
10 REISE-KNIGGE

WIEN IN 100 TIPPS
12 INNERE STADT OST
38 INNERE STADT WEST
58 NEUBAU & NORDEN
86 MARIAHILF & WIEDEN
114 LANDSTRASSE & PRATER

142 **GROSSER PARTYGUIDE**
146 **EVENTS & FESTIVALS**
152 **LINIENNETZPLAN**
154 **KLEINES REISETAGEBUCH**

Überall im Buch.
Von mir für dich!

LOW $ BUDGET

FOTO TIPP FOTO TIPP

Inhalt

3 Dinge, die du auf deinem
Wien-Trip unbedingt dabei
haben solltest:

☐ Bequeme Schuhe
☐ Bargeld
☐ Schüler-/Studenten-
   ausweis

Meine
Lieblingsfarben

Hallo, ich heiße Lisa, bin 23 Jahre alt und komme aus dem wunderschönen Bayern – aus Nürnberg, um genau zu sein. Neben meinem Hauptberuf im Büro poste ich seit fast drei Jahren täglich auf meinem Instagram-Account. Am liebsten präsentiere ich dort meine neuen Outfits und Travel Inspirations. Meine Liebe zur Fotografie hat aber schon sehr viel früher begonnen. Seit ich denken kann, habe ich mit meinen Freundinnen stundenlang Bilder gemacht. Ich kann mich noch gut an das Weihnachten erinnern, an dem ich meine erste Digitalkamera geschenkt bekommen habe. Ihr könnt euch nicht vorstellen, wie sehr ich mich darüber gefreut habe!

Meine zweite große Leidenschaft ist das Reisen: Reisen bedeutet für mich Freiheit. Ich liebe es, fremde Umgebungen und andere Kulturen kennenzulernen, meinen Horizont zu erweitern und Menschen zu begegnen. Ein Reiseziel, das mir besonders gut gefällt, ist Wien. Schon bei meinem ersten Besuch hat mich die Stadt fasziniert. Überall findet man wunderschöne, prächtige Gebäude, coole Hipster-Cafés und tolle Foto-Spots. Denn Wien hat viel mehr zu bieten als Museen und Kafeehäuser. In diesem Guide stelle ich euch die coolsten Spots und meine absoluten Lieblingsplätze in Wien vor. Ich wünsche euch ganz viel Spaß beim Schmökern und hoffe, dass euch die Stadt genauso gut gefallen wird wie mir!

PS: Verlinke mich gerne auf deinen Bildern, dann kann ich deine Reise mitverfolgen (@guideme_travel).

*Und jetzt komm mit,
ich zeige dir Wien!*

📷 OHHEYLISA_

Crème de la Crème

Tel Aviv Beach

Neubau
Josefstadt
Alsergr

Klyo

GAST HAUS POSCH

Pöschl

Justizpalast

stadt

Joseph Brot

WIENER
Würstchen

The LaLa

MQ
MuseumsQuartier
Wien

Wiener
Würstelstand

R&

Die R&Bar

Vollpension

Schönbrunner Schlosspark

Mariahilf, Margarethen
& Wieden

WIEN
Bucket List

Alte Donau

Prater

Strandbar Herrmann

Alle Highlights sind im Buch mit einem ⭐ gekennzeichnet

Leopoldstadt – mit Prater & Donauauen

BLOSS NICHT VERPASSEN!

- ⃝ GASTHAUS PÖSCHL
- ⃝ JOSPEH BROT
- ⃝ KLYO
- ⃝ JUSTIZPALAST
- ⃝ MUSEUMSQUARTIER
- ⃝ DIE BESTE WURST WIENS
- ⃝ THE LALA
- ⃝ CRÈME DE LA CRÈME
- ⃝ VOLLPENSION
- ⃝ SCHÖNBRUNNER SCHLOSSPARK
- ⃝ DIE R & BAR
- ⃝ VOLKS- UND WURSTLPRATER
- ⃝ ALTE DONAU
- ⃝ STRANDBAR HERRMANN
- ⃝ TEL AVIV BEACH

TO BE CONTINUED...

- ⃝ ....
- ⃝ ....
- ⃝ ....
- ⃝ ....
- ⃝ ....
- ⃝ ....
- ⃝ ....
- ⃝ ....

VOR DEINER REISE

Gut zu wissen

NICHT VERGESSEN – Dein Partyoutfit – und für einen Opernball elegante Abendgarderobe!

ERMÄSSIGUNGEN – Mit der Vienna City Card kannst du 24, 48 bzw. 72 Stunden lang innerhalb der Stadtgrenzen unbeschränkt alle öffentlichen Verkehrsmittel (außer der Ringtram!) nutzen. Außerdem gibt's in den meisten Museen und Sehenswürdigkeiten ermäßigten Eintritt. Die Karten bekommt man online unter *wien.info*, über die App und bei allen größeren Verkaufsstellen der Wiener Verkehrslinien. Mit einem Schüler-/Studentenausweis erhält man außerdem bei vielen Sehenswürdigkeiten und Museen ermäßigten Einlass.

UNTERWEGS

AUTO – Das Auto lässt du am besten in den Park-&-Ride-Häusern (3,40 Euro/Tag, *parkandride.at*) an den U-Bahn-Endstationen stehen. Parkplätze in der City sind rar und teuer.
FIAKER – Stilecht geht es mit der Pferdekutsche durch die Innere Stadt. Die Große Stadtrundfahrt (mind. 40 Min.) kostet 80 Euro, die Kleine Stadtrundfahrt (mind. 20 Min.) 55 Euro. Los geht's z.B.: vor der Albertina, auf dem Heldenplatz und auf der Rückseite des Stephansdoms.
BUS UND BAHN – Fünf U-Bahn-Linien, S-Bahnen sowie Straßenbahn-, Bus und Nachtbuslinien erschließen jeden Winkel in Wien. Die jeweils beste Verbindung verrät dir die App wannda. Ein Einzelfahrschein (bis zur Stadtgrenze) kostet 2,40 Euro. Es gibt diverse Zeitkarten, zum Beispiel die Klimakarte für acht beliebige Tage (40,80 Euro), Tageskarten oder die Wochenkarte (gültig von Mo–Mo, 17, 10 Euro).
FAHRRAD – Sharing-Bikes gibt es von City Bike. 120 Stationen in der Stadt (*citybikewien.at*).

FREE WIFI

Eine Auflistung aller 600 Hotspots findest du unter *freewave.at*. Die Stadt Wien bietet 400 öffentliche Hotspots, die über die App *Stadt Wien live* einsehbar sind.

LINKS

GOODNIGHT.AT – Restaurant- & Szenetipps
DIEFRUEHSTUECKERINNEN.AT – Blog mit Frühstücktipps
JUGENDINFOWIEN.AT – Infos, Ratschläge und Tickets für alle bis 26 Jahre

Urlaubs-Wienerisch

Hunger	Flamo
Beleidigung (Idiot)	Zwutschkerl
Käsekrainer	Eitrige
Pfannkuchen	Palatschinken
süßer Senf	Gschissener
Weinschorle	Gespritzter
Zwei-Liter-Flasche Wein	Der Doppler
(ja so etwas gibt's hier wirklich!)	
eine Dose Ottakringer Bier	16er-Blech
eine Dose Bier	Hüsn/Aluweckerl
Konterbier	Reparaturseidl
hässlich	schiach
küssen	busseln
trinken	piperln
unbeholfen, ungeschickt	patschert
eine Ohrfeige geben	a Packl Hausdetschn gebn
übernächtigt sein	a fades Aug haben
total betrunken sein	fett wia a Blunzn
einen Abgang machen, verschwinden	sich über die Häusa haun
Ich bin pleite.	I bin stier.
Danke, echt nett von dir, du bist ein guter Freund!	Oida leiwand, danke, bist a guada Hawara!
Hast du eine Zigarette für mich?	Host a Tschick für mi?
Na so was	Na, geh herst!
Mach dir nix draus	Scheiß di' net au!
Trinkspruch	An hauma no imma gsoffn.

REISE-KNIGGE

UNBEDINGT VERMEIDEN!

Auf keinen Fall solltest du ...

... die falsche Anrede benutzen. Die Wiener lieben ihre Titel, noch lieber hören sie sie. „Lieber Herr Doktor…"

... einen Zigarettenstummel auf die Straße werfen – das kostet bis zu 90 Euro.

... die Wiener hetzen. Gelassenheit ist in Wien erste Bürgerpflicht.

... dich über den unhöflichen Ober ärgern. Die leichte Grimmigkeit des Kellners gehört in Wien einfach dazu.

... vor einem Bussi davonlaufen. Ein „Bussi links, Bussi rechts" gehört in Wien zum guten Ton. Küss die Hand schöne Frau!

... im Kaffeehaus einen Cappuccino oder Latte bestellen. Das heißt hier Melange bzw. Kaffee verkehrt.

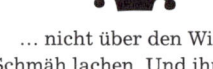

... nicht über den Wiener Schmäh lachen. Und ihn schon gar nicht imitieren, das geht sicher schief!

... ohne Diskussion für alle bezahlen. In Wien streitet man sich ein wenig, wer die Rechnung begleicht und der „Verlierer" gibt einen Schnaps aus.

STELL DIR VOR:
DU HIER!

WIEN
Innere Stadt Ost

Die Nummer eins in Wien – schließlich ist die Innere Stadt der erste von 23 Gemeindebezirken. Folglich ist man hier mittendrin statt nur dabei. Am berühmten Stephansdom startet die supernoble Shoppingmeile der Kärntner Straße, gleich ums Eck wartet ein 1A-Museum mit toller moderner Kunst, und natürlich bekommst du in der City auch das beste Schnitzel weit und breit. Tradition wird nicht nur im Café Sacher großgeschrieben und gefeiert wird im berüchtigten Bermuda-Dreieck.

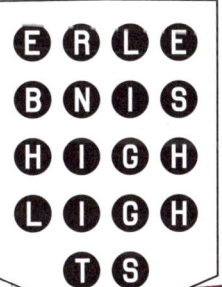

ERLEBNIS HIGHLIGHTS

INNERE STADT OST

> **ZEITREISE DURCH WIEN**

> **SELFIE MIT DEM WALZERKÖNIG**

> **SACHER TORTE UND MELANGE**

> **(WINDOW-)SHOPPING MIT VIEL GLITZER UND GLAMOUR**

> ....

> ....

> ....

Gassenlabyrinth und Prachtstraßen rund um den Stebbl

Innere Stadt Ost

SEHENSWERTES

1. STEPHANSDOM
2. TIME TRAVEL
3. ALBERTINA
4. BERMUDADREIECK
5. DAS BESTE SCHNITZEL WIENS

PARKS

6. WIENER STADTPARK

ESSEN & TRINKEN

 GASTHAUS PÖSCHL
8. CAFÉ SACHER
9. AIDA
10. FRESHMANS
★ JOSEPH BROT
12. LOOS AMERICAN BAR
13. ZUM SCHWARZEN KAMEEL
14. SCHACHTELWIRT
15. IN DISH
★ KLYO

SHOPPING

17. KÄRTNER STRASSE & GRABEN
18. MANNER FLAGSHIP STORE
19. WIENER SEIFE

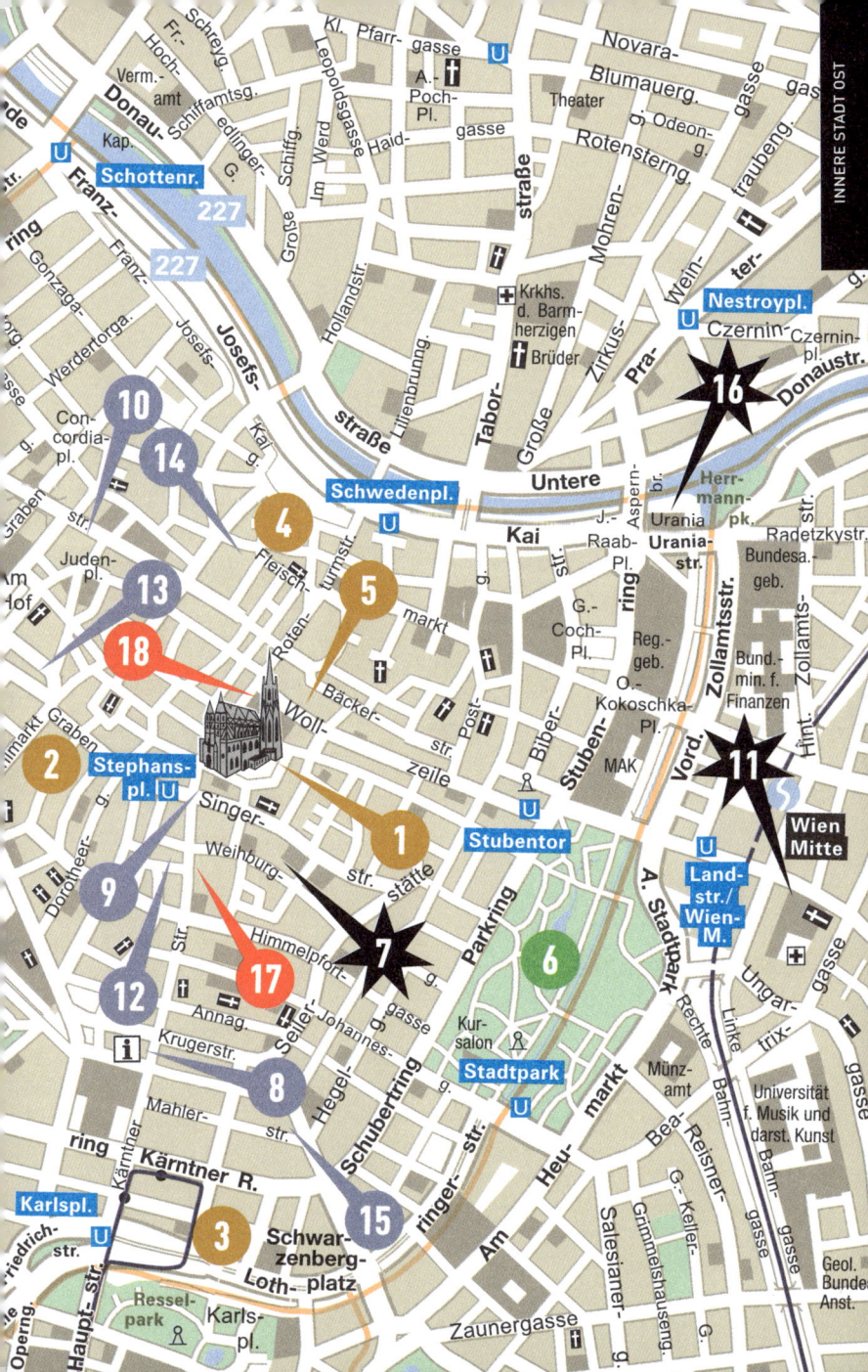

Donau-

Schottenr.

227

227

Franz-

Josefs-

straße

Kl. Pfarr- gasse

Novara-

Blumauerg.

Leopoldsgasse

A. Poch- Pl.

Theater

Odeon-

g.

Rotensterng.

Schievg.

Fr.-

Hoch-

amt

Verm.-amt

Kap.

Schiffamtsg.

edlinger G.

Werd

Haid-

gasse

straße

Mohren-

Wein-

traubeng

gasse

gas

Gonzaga-

Josefs-

Große

Schiffg

Hollandstr.

Lilienbrunng

Tabor-

Zirkus-

Pra-

Wein-

ter-

Concordia-pl.

Graben

str.

Juden- pl.

Hof

Krkhs. d. Barm-herzigen Brüder

Große

Untere

Pra-

Herr-mann-pk.

Nestroypl.

Czernin-

Czernin-pl.

Donaustr.

10

14

4

Schwedenpl.

Kai

Urania

Radetzkystr.

Bundesa.-geb.

13

18

Fleisch-

turmstr.

5

markt

J.-Raab-Pl.

Urania-str.

G.-Coch-Pl.

Reg.-geb.

O.-Kokoschka-Pl.

Bund.-min. f. Finanzen

Zollamtsstr.

Hint. Zollamts-

str.

markt

Rotent.

Woll-

Bäcker-

Post-

Biber-

Stuben-

MAK

11

Vord.

2

Stephans-pl.

Graben

Zeile

str.

Wien Mitte

9

Dorotheer-

g.

Singer-

Weihburg-

1

Stubentor

stätte

str.

Parkring

A. Stadtpark

6

Land-str./Wien-M.

12

Himmelpfort-

17

7

g.

gasse

Ungar-

trix-

Str.

Annag.

Johannes-

Kursalon

Stadtpark

Rechte

Linke

Bahn-

Münz-amt

Universität f. Musik und darst. Kunst

Krugerstr.

8

Seiler-

Hegel-

Schubertring

Mahler-

Kärntner

str.

ringer-

str.

Heu-

Bea-

Reisner-

gasse

Karlspl.

Friedrich-

str.

ring

Kärntner R.

Karlspl.

15

3

Schwarzen-berg-platz

Am

Salesianer-

G.-Keller-

Grimmelshauseng.

Geol. Bunde Anst.

Opernring

Haupt-

str.

Ressel-park

Loth-

Karls-pl.

Zaunergasse

g.

SEHENSWERTES

1. STEPHANSDOM

DAS Wahrzeichen Wien, der Stephansdom wurde mit Wein erbaut – zumindest wenn die Legende stimmt. Im Jahr 1444 muss der Wein so sauer geschmeckt haben, dass ihn selbst die nicht gerade verwöhnten Wiener nicht trinken wollten. Wegschütten ging auch nicht, das hatte ihnen der Kaiser verboten, und so rührten sie damit kurzerhand den Mörtel an. Ob die Wiener ihren Dom deshalb so lieben? Wer weiß! Bei einem Wien-Trip darf er jedenfalls nicht fehlen und auf dem großen Platz herrscht immer viel Trubel. Eine Menge Fake-Mozarts quatschen dich an und wollen Tickets für Konzerte verhökern. Wenn du hübsch mit den Augen klimperst, kannst du mit ihnen aber vielleicht ein Selfie schießen. Echte Hingucker sind dafür die gotische Fassade sowie das Riesentor. Wahnsinn, wie grazil die Steinmetze gearbeitet haben! Aber auch ein Blick

Der Ausblick vom Stephansdom zählt zu den beliebtesten Wien-Motiven auf Instagram.

FOTO TIPP FOTO TIPP FOTO TIPP FOTO TIPP

Ein bisschen spooky wird's dagegen in den Katakomben (nur mit Führung), auch „Nekropolis" genannt die man über den Zugang im Inneren des Doms erreicht. Hier stapeln sich in 30 Grabkammern die Gebeine von rund 10 000 Pestopfern bis zur Decke und geben einen bizarren Eindruck vom damaligen Umgang mit der Seuche. In den angrenzenden Kaisergruften finden sich zudem in Urnen konserviert auch die Organe vieler Habsburger Kaiser und Bischöfe – allerdings nicht deren Herzen, die sind in der Augustinerkirche!

Stephansplatz 3 | U-Bahn: Stephansplatz

ins Innere lohnt sich (wenn du die Kirche richtig anschauen willst, musst du allerdings zahlen). Selbst an sonnigen Tagen dringt nämlich nur wenig Tageslicht durch die Buntglasfenster ins Innere – umso magischer ist dann aber das vielfarbige Lichtspiel auf den Steinsäulen. **Kein Geheimtipp, aber dennoch Pflicht: die 334 Stufen hinauf zum Südturm, dem „Steffl". Von oben hast du die ganze Innere Stadt und mehr im Blick – perfekt für den einen oder anderen Schnappschuss oder um dich zu orientieren.**

Runter in die Katakomben

Reise durch die Zeit und erlebe hautnah die Wiener Epochen. Nix da mit Langeweile im Museum!

2. TIME TRAVEL

So macht Geschichte Spaß! Mit jeder Menge technischem Schnickschnack geht es auf eine Zeitreise durch Wiens History, von den Römern bis in die heutige Zeit. Statt Vitrinen mit angestaubten Exponaten gibt's hier 5D-Kino (mit sich bewegenden Stühlen!), Animatronic-Wachsfiguren, diverse Rides und multimediale VR-Shows sowie klasse Sound- und Lichteffekte. Ein bisserl Wiener Schmäh darf da natürlich nicht fehlen. Toll ist auch das Ambiente: ein uralter Keller in 12 m Tiefe, der früher schon Weinkeller und im Zweiten Weltkrieg Luftschutzbunker war. Wie sich dort die Menschen gefühlt haben müssen, erfährst du am Schluss bei der Simulation eines Bombenangriffs. Und wenn du früher gerne die bekannten Sisi-Filme angeschaut hast, solltest du auf keinen Fall die neue „Sisi-Reise" mitmachen. Nicht gerade günstig, aber es lohnt sich!

Habsburgergasse 10a | U-Bahn: Stephansplatz

3. ALBERTINA

Eines der berühmtesten Kunstmuseen der Stadt besteht gleich aus zwei Locations. Kunstfreaks werden nicht auf verregnete Tage warten, um sie zu besuchen. Du wolltet schon immer mal einen echten Picasso sehen? Dann gehst du ins Stammhaus der Kunstgalerie am Albertinaplatz. Hier hat sich das Who's Who des 20. Jh. versammelt: Werke von Monet, Degas, Cézanne, Matisse, Chagall und vielen anderen genialen Künstlern hängen an den Wänden. Aber auch das Gebäude kann sich sehen lassen, im Palais Albrecht logierten einst die Gäste der Habsburger. Instagramer sollten übrigens abends nochmal vorbeischauen: **Von der Terrasse auf der Albertina-Augustinerbastei kannst du ein perfektes Bild von der beleuchteten Wiener Oper schießen.** Mein Tipp: Wer ein kleines Stativ dabei hat, sollte eine lange Belichtungszeit wählen, um Lichtspuren der vorbeifahrenden Autos zu erzeugen.

Nur einen Katzensprung entfernt findest du die 2020 eröffnete Filiale ALBERTINA MODERN im Wiener Kunsthaus. Der Name ist Programm: Hier gibt es jede Menge Gegenwartskunst. Auch Größen wie Andy Warhol oder Jörg Immendorff sind vertreten. Ich lasse mich hier gerne an verregneten Tagen inspirieren und überraschen.

Albertinaplatz 1 & Karlsplatz 5 | U-Bahn: Karlsplatz/Oper

Das Albertina vereint einzigartig moderne und historische Architektur. Versuche aber, so viel Platz wie möglich zwischen dir und der Statue zu schaffen, um zu starke Verzerrungen der Architektur zu vermeiden.

FOTO TIPP FOTO TIPP FOTO TIPP FOTO TIPP

4. BERMUDADREIECK

Tagsüber ist das Dreieck zwischen Schwedenplatz, Morzinplatz und Ecke Seitenstettengasse/Judengasse ein wenig spektakuläres Fleckchen im 1. Bezirk. Ganz wie es sich für den ältesten Teil der Stadt gehört, könnte man meinen. Abends aber weiß man gleich, warum das Bermudadreieck so heißt: In den Kneipen und Bars des Ausgehviertels kann man sich ganz gepflegt die Nächte um die Ohren schlagen, denn hier ist immer was los. Doch keine Sorge: Wer hier abstürzt, taucht spätestens am nächsten Morgen verkatert wieder auf. Aktuelle Infos sowie eine Übersicht aller Szenelokale und Events findest du unter www.bermudadreieckwien.at.

Wenn du Asia-Food liebst, solltest du aber unbedingt auch mittags einen Abstecher zum Imbiss Schönscharf unternehmen, vielleicht nach einem Spaziergang am Donaukanal?

U-Bahn: Schwedenplatz

> ### TIPP
> Im winzigen Imbiss Schönscharf von Musiker und DJ Hubert Mauracher gibt es großartige und authentische Thai-Küche – Currys, Salate und Snacks aus besten Bio-Zutaten.

Wiener Schnitzel ist ein absolutes Muss beim Besuch in Wien! Welches aber nun das Beste ist, musst du wohl selbst herausfinden.

5. DAS BESTE SCHNITZEL WIENS

Wo gibt es das beste Wiener Schnitzel der Stadt? Unter Wienern ist dies eine echte Glaubensfrage. Eines ist aber ganz klar: Vom Kalb muss es sein und in reichlich Butterschmalz ausgebacken werden! Und es sollte auch nicht mit schnöden Fritten daherkommen, womöglich noch mit Ketchup und Majo – was für ein Stilbruch! –, sondern mit Erdäpfelsalat, manchmal auch noch mit Vogerlsalat (Kartoffel- und Feldsalat). Schon die Zitronenscheibe ist für manchen Puristen zu viel des Guten, andere wiederum wählen die Wiener Garnitur mit Petersilie, Kapern, Ei und Sardellenfilet. Und wo gibt es nun das beste Schnitzel? Meiner Meinung nach im **Figlmüller**. Kein Wunder das ich eigentlich bei jedem Wien-Besuch mindestens einmal hier Essen gehe. **In dem berühmten Beisl sind die Schnitzel so riesig, dass sie kaum auf den Teller passen.** Den Köchen bei ihrer Arbeit zuschauen kannst du dagegen im **Meissl & Schadn** – sogar einen Schnitzel-Kochkurs gibt's hier. Ein weiterer heißer Anwärter auf den Titel ist das **Glacis Beisl**, mit dem angeblich besten Schnitzel Wiens, dass im schönen Hinterhof serviert wird. Leckere Schnitzel in unzähligen Variationen finden sich dagegen beim **Schnitzelwirt** – urig und traditionell wienerisch. Aber teste am Besten selbst!

Figlmüller: Bäckerstraße 6 | Meissl & Schadn: Schubertring 10–12 | Glacis Beisl: Breite Gasse 4 | Schnitzelwirt: Neubaugasse 52

Im Sommer kann man es sich hier mit einem kühlen Bier oder Mate auf der Wiese gemütlich machen.

PARKS

6. WIENER STADTPARK

Er ist der Treffpunkt aller Touristen in Wien, vor allem die Gäste aus Fernost strömen in den bereits 1862 eröffneten Stadtpark. Alle scheinen sie ein Ziel zu haben: die goldene Statue des geigenden Walzerkönigs Johann Strauß (Sohn). Dort angekommen heißt es dann: Handy oder Kamera raus! Mehr Selfies als hier werden wohl nirgendwo in Wien geschossen. Und schon ziehen sie weiter – aber vielleicht willst du es den Wienern gleichtun und die wunderbare Grünfläche zum Schlendern und Relaxen nutzen? Oder zum Joggen? Zusammen mit dem Prater ist der Stadtpark sicher eine der schönsten und besten Locations für eine Laufrunde in der City,

TIPP
Die Meierei im Stadt-
park ist berühmt für
ihr Gulasch mit Zitrone,
Kapern und fluffigen
Klößen – und einfach
ein himmlischer Ort
zum Entspannen und
Genießen.

wenn du nicht gerade
mitten am Tag joggen
willst – dann hast du es nicht
nur mit gewundenen Wegen zu tun,
sondern musst auch noch zwischen
den vielen Passanten Slalom laufen.
Hungrig geworden? Dann nichts wie
in die Meierei im Stadtpark.

U-Bahn: Stadtpark

**Auch wenn's voll ist – ein
Plätzchen zum Chillen findet
sich für jede(n).**

Im rustikalen Gasthaus Pöschl erlebst du ein echtes Stück Wiener Gasthaus-Kultur und kannst dich mit knusprigem Schnitzel und anderen Leckereien stärken.

ESSEN & TRINKEN

7. GASTHAUS PÖSCHL

Die Wiener lieben ihre Beisl. Das sind meistens sehr urige Kneipen und Gasthäuser mit viel Holz an den Wänden, rustikalem Interieur und einfacher, aber einfach leckerer Austria-Küche. Auch ein Seidel oder gleich ein Krügerl mit frisch gezapftem Bier vom Fass darf natürlich nicht fehlen. Längst sind die Zeiten vorbei, in denen Beisl etwas verrucht waren – und auch verraucht sind sie spätestens seit Inkrafttreten des kompletten Rauchverbots in Österreichs Gaststätten 2019 nicht mehr. Also mische dich unbedingt unter das bunte Publikum. Ein supergemütlicher Vertreter der Beisl-Zunft ist das Gasthaus Pöschl, in dem Schauspieler Hanno Pöschl und Radioköchin Andrea-Karrer-Pöschl Altwiener Küche mit Schnitzel, Kaiserschmarrn & Co. auf den Tisch zaubern. Bei schönem Wetter gibt's geniale Plätze auf dem herrlichen Franziskanerplatz.

Weihburggasse 17 | U-Bahn: Stephansplatz | www.gasthauspöschl.com

BUCKET LIST
Gasthaus Pöschl

Schnitzel-Durchmesser:
Die größten Schnitzel gibt's in Wien. Nutze die Maßband-App
oder deinen Ellbogen und miss dein Schnitzel.

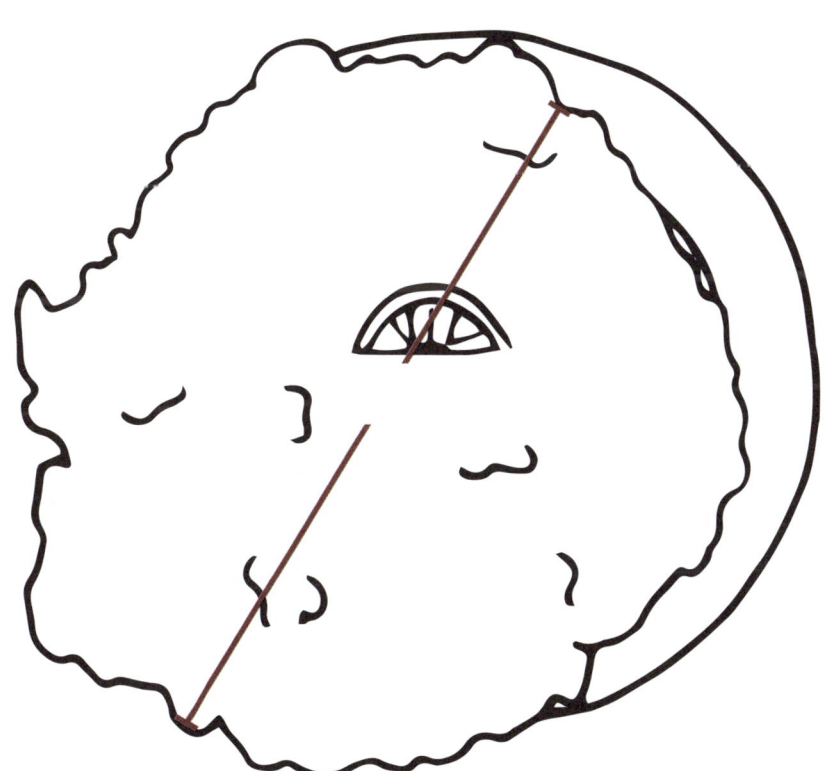

8. CAFÉ SACHER

Ein absolutes Must-see! Das Sacher ist eine echte Legende unter Wiens Kaffeehäusern. Ganz schön edel ist das Ambiente mit Kronleuchtern, dunkelroten Polsterbezügen, Marmortischchen und Holzparkett. Wiener Flair durch und durch! Leider sieht man von der Ausstattung an manchen Tagen kaum etwas, so voll ist's hier mitunter. Aber was soll's? Sobald du den ersten Gabelbissen von der herrlich schokoladigen Sachertorte probiert hast, vergisst du den Trubel um dich herum sowieso und begibst sich in himmlische Sphären. Und noch ein Tipp: Wenn du dich nicht gleich als Touri outen willst, bestelle nicht einen Cappuccino oder – noch schlimmer – einen Kaffee, sondern eine Melange oder einen Großen Braunen. Die stilecht mit Fliege und

TIPP

In der Sacher Confiserie Wien findest du geniale Mitbringsel für deine Lieben – natürlich auch eine Original Sacher-Torte in verschiedenen Größen.

Weste gekleideten Ober wird's freuen. Einziger Minuspunkt: So viel Tradition hat natürlich ihren Preis …

Philharmoniker Str. 4 | U-Bahn: Karlsplatz/Oper | www.sacher.com | @sacherhotels

9. AIDA

Mehr retro geht nicht! Die Cafés der Konditorei-Kette Aida versprühen jede Menge Siebziger-Charme. Die vorherrschende Farbe ist Schweinchenrosa, wie bereits der altmodische Schriftzug über der Eingangstür verrät – auch die Damen vom Personal dürfen da nicht aus dem Bild fallen.

FOTO TIPP FOTO TIPP FOTO TIPP FOTO TIPP FOTO TIPP

Hier lassen sich übrigens tolle Fotos im Retro Stil oder "all pink everything" machen!

Und so tragen sie rosa Kittelschürzen, rosa Strickwesten, rosa Söckchen und dazu, nanu, mokkabraune Schürzen. Selbst die süßen Stückchen sind rosa, zumindest die Punschkrapfen. Die berühmte österreichische Süßspeise aus Biskuitteig und einer Masse aus Marmelade, Rum oder Punsch und Schokolade erinnert an ein Petit Four und ist mit einer glänzenden rosa Zuckerglasur überzogen. Ganz schön süß und vielleicht nicht jedermanns Sache, aber dafür super fotogen! **Zum Glück nicht rosa ist der gigantische Apfelstrudel, der mich immer an den von meiner**

Oma erinnert. Alles in allem ein sehr süßer Spot mit klasse Gebäck und viel gelobten Heißgetränken für Koffein-Junkies!

Singerstraße 1 & Opernring 7 | U-Bahn: Stephansplatz & Karlsplatz/Oper | www.aida. at | @aidacafe

10. FRESHMANS

Iss dich glücklich! Das könnte das Motto des Freshmans sein. Schon das stylishe Interieur des Delis mit weiß gestrichenen Backsteinwänden, Stehtischen, Barhockern und großer Tafel über dem Tresen überzeugt.

Nicht nur Brot, sondern auch Frühstück, leckere Bowls und Deli-Speisen bekommst du hier!

Ein echter Blickfang sind aber die Gerichte. Und nicht nur das – Wraps, Poké und Curcuma Rice Bowls, Ban Mians, Nudelsuppen zum Selberzusammenstellen und die diversen Salate schmecken fantastisch. Passend dazu gibt es auch asiatische Flaschenbiere und „Homemade Drinks" wie Limos und Eistees. Oder wie wär's mit einem Goji-Beeren-Tee? Aber das Freshmans ist nicht nur was für das gesunde Mittagessen: In den Abend startest du hier ganz easy mit Evening Tapas, Cocktails (Happy Hour von 17 bis 19 Uhr) und Gin Flows à la Dutch, Japanese oder Scotland.

Wipplingerstraße 11 | U-Bahn: Herrengasse | www.freshmans.at | @freshmans_vienna

11. JOSEPH BROT

Viele Einheimische sind sich sicher: Das beste Brot gibt's bei Josef Weghaupt. So seh' ich das auch – und wenn du das erste Mal in das handgebackene Waldviertler Brot oder eine andere Backkreation gebissen hast, wirst du mir zustimmen. War's das schon? Nein, natürlich nicht! In den Bistros von Josephs Brot, eines ist direkt am Albertinaplatz, können nicht nur frühe Vögel frühstücken. Eggs Benedict, Walnussbrot-Speck-Eierspeis, Einkorn-Porridge mit Kokosmilch und Zimt-Mandeln, Feigen-Birchermüsli oder Buttermilch Pancakes – superlecker und fast alles bio – gibt es bis 16.30, sonntags bis 15.30 Uhr. Ab

BUCKET LIST

Joseph Brot

So viele Formen, Farben, Körner, Teige ...
Werde zum Bäcker und überlege dir deine eigene
Brot/Brötchen/Gebäckvariation.

10 Uhr kommen dann noch Deli-Spei-sen und Wochen-Specials sowie Bur-ger dazu. **Mein Tipp: Probiert die Burger, allein schon die Buns sind ein Gedicht! Alles kein Schnäppchen, aber jeden Cent wert!**

Führichgasse 6 | U-Bahn: Karlsplatz/Oper | www.joseph.co.at | @josephbrot

12. LOOS AMERICAN BAR

Es geht doch nichts über einen gepfleg-ten Cocktail – noch dazu, wenn er in solch einem stilechten Ambiente wie der Loos American Bar meisterhaft gemixt wird. Wann hast du schon mal die Gelegenheit, in einer denkmalge-schützten Bar an einem Manhattan oder Margarita zu nippen? Alles hier ist Art déco, eben ganz im Stil des Jahres 1908, als Architekt Adolf Loos die Bar entwarf. So viel Moderne war damals in Wien ganz schön gewagt. Außen ruht auf vier Marmorsäulen die US-Flagge als Glasmosaik, im Innern ist seit über 100 Jahren das Interi-eur unverändert und prahlt mit viel Holz, Glas, Messing und Onyx. Dank der Spiegel an den Wänden erscheint der gerade einmal 27 m² kleine Raum etwas größer als er ist. Apropos groß. Die Getränkekarte reicht quasi ins Unendliche, kein Klassiker, den die vier Barkeeper nicht schütteln oder rühren könnten. Aber auch hier gilt: Tradition hat ihren Preis – schon ein Räuscherl könnte hier ganz schön teuer werden.

Kärntner Durchgang 10 | U-Bahn: Stephansplatz | www.loosbar.at

Leckereien in der Schachtel
gibt's nur beim Schachtelwirt!

13. ZUM SCHWARZEN KAMEEL

Die Wiener Institution, gegründet im Jahr 1618, ist ein Mix aus edlem Restaurant und Konditorei, Feinkostgeschäft und Weinladen. Ein Tag mit dem Schwarzen Kameel könnte also wie folgt aussehen: Morgens schaust du auf eine Kaisersemmel mit Schinken und Meerrettich oder zum etwas dekadenteren Prosecco-Frühstück vorbei. Danach erkundest du den dreistöckigen Weinkeller, in dem über 450 Weine lagern. Bis du damit fertig bist, steht auch schon der deliziös gefüllte Picknickkorb bereit, dessen Inhalt du dir im nahen Volksgarten schmecken lässt. Oder darf's lieber die eine oder andere süße Sünde der Patisserie sein? Doch bitte nicht zu viel, schließlich geht's am Abend noch vornehm ins Obergeschoss, wo die traditionelle Wiener Küche einen super modernen Twist bekommt. Zu viel des Guten? Dann darf's gern auch nur ein Achterl Grüner Veltiner sein – das People Watching gibt's gratis dazu.

Bognergasse 5 | U-Bahn: Herrengasse |
www.kameel.at

14. SCHACHTELWIRT

Wiens Stadtmagazin „Falter" weiß, warum der Schachtelwirt „definitiv kein Vollschas" ist: „Erstens: Weil es gut aussieht. Aus irgendeinem der indifferenten Bermudadreieck-Tschocherln wurde da ein Take-away-Lokal im grauen Industrie-Look geschaffen, mit Zementfliesen, Holz von einer alten Stadl-Wand, Küchenverglasung mit zum Teil Butzenscheiben und einem Plafond aus mächtigen Lüftungsrohren." Das sieht einfach cool aus, passt zu den Elektrobeats aus den Boxen und würde auch irgendwo in New York City eine gute Figur abgeben. Und zweitens, so die Schreiberlinge, schmecke das Essen einfach gut. Kulinarisch ist der Schachtelwirt tatsächlich immer für eine Überraschung zu haben. Da kommt Essen wie von der Wiener Oma auf den Tisch, allen voran der Klassiker, ein Schweinsbraten mit Knusperschwarte, Semmelknödel und Kraut. Oder wie wär's mit einem Blunzengröstl – Bratkartoffeln mit Blutwurst und Meerrettich? Doch keine Sorge, auch Vegetarier finden auf der wechselnden Karte die Rijs, Thomas und Silvio, die drei Macher des Schachtelwirts, zusammenstellen, garantiert was. Der Name stammt übrigens (wie könnte es auch anders sein) von den Schachteln in denen die Köstlichkeiten serviert werden. Habe die Ehre!

Judengasse 5 | U-Bahn: Schwedenplatz |
www.schachtelwirt.at | @schachtelwirt

Hier jagt ein schönes Fotomotiv das nächste. Ob Ausblick, Interior oder Food – hier ist alles fotogen!

FOTO TIPP FOTO TIPP FOTO TIPP FOTO TIPP FOTO

KLYO

15. IN DISH

Es muss ja nicht immer Schnitzel sein. Wien ist eben auch eine Metropole und beweist das mit Gastroerlebnissen aus aller Herren Länder. Und so mischen sich unter all die klassischen Wirtshäuser mit Wiener Küche auch immer wieder Newcomer und richtige Szenelokale mit viel frischem Schwung. Das In Dish ist so eines. Da gibt es eine große Auswahl an Gerichten aus Nord- und Südindien, die für eine wahnsinnige Geschmacksexplosion im Mund sorgen. So hast du Indisch garantiert noch nicht gegessen. Und da das Auge ja bekanntlich mitisst, werden die meisten Gerichte von den superfreundlichen Leuten hier so toll dekoriert, dass auch Food-Instagramer begeistert sein werden. **Mein Tipp: das Silky Butter Chicken. Für Vegetarier und Veganer eine der besten Adressen in der Inneren Stadt.**

Schwarzenbergstraße 8 | U-Bahn: Karlsplatz/ Oper | www.in-dish.at | @restaurant_indish

16. KLYO

Noch so eine geniale Location wie aus dem Bilderbuch. Die Bar der Urania, der alten Wiener Volkssternwarte, bietet von der Terrasse einen umwerfenden Blick auf den Donaukanal und punktet mit Drinks, die passenderweise den Sternzeichen gewidmet sind. Das Konzept stammt u. a. von Kan Zuo (The Sign), einem der ganz großen Bar-Profis der Stadt. Als Grundlage für den ganzen Alkohol gibt es auch urbanes Soulfood aus vielen hochwertigen und gesunden Zutaten, die fast ausschließlich von Bauern aus der Umgebung bezogen werden. **Mein All-Time Favorite: der Pulled Pork Burger. Und für den Day After gibt es Frühstück bis 22 Uhr!** „Das Geräucherte" mit Krustenbrot, Vulcanoschinken, Blattspinat, pochiertem Ei, Hollandaise und Kräutern ist perfekt dafür geeignet, ein Katerchen zu vertreiben. Nicht ganz günstig, aber die Aussicht hat eben ihren Preis.

Uraniastraße 1 | U-Bahn: Schwedenplatz | www. klyo.at | @klyo.urania

BUCKET LIST
Kiyo

Frühstück bis 22 Uhr?! Schreib' einen Liebesbrief an dein Frühstück.

Liebstes Frühstück,

Klar, dass sich die luxuriöseste Einkaufsstraße Wiens auch für das eine oder andere Fashion-Bild anbietet, ganz besonders zur Weihnachtszeit!

SHOPPING

17. KÄRNTNER STRASSE & GRABEN

Die Shopping-Meile im Herzen der City! Nicht umsonst wird der Straßenzug von Kärtner Straße und Graben als „Goldenes U" bezeichnet. Zwischen Kohlmarkt und Oper geht's ganz schön nobel zu. Schon die Fassaden sind hier besonders herrschaftlich und verströmen Habsburger Pomp.

Das Ambiente stimmt also und so lassen sich auch die Geschäfte nicht lumpen. Internationale Luxusmarken – Burberry, Fendi, Ferragamo, Coccinelle, Colmar, Bugatti, Michael Kors, Lacoste, La Martina oder Longchamp – sind hier ebenso vertreten wie die Wiener Traditionshäuser Steffl oder Meinl am Graben, durch die du unbedingt mal schlendern soll-

LOW $ BUDGET

TIPP

Im Goldenen U ist selbst das stille Örtchen ein Erlebnis. Wiens schönste öffentliche Toilette mit Marmor und auf Hochglanz poliertem Messing steht gar unter Denkmalschutz. Ein echter Hingucker!

test. Und jede Menge Glitzer erwartet dich im superedlen Megastore von Swarovski. Der Kristallschmuck ist weltberühmt – das Unternehmen mit Sitz in Tirol stattet jedes Jahr beim Wiener Opernball die Debütantinnen mit Krönchen aus!

Zwischen all den Luxusmarken verbirgt sich jedoch auch der eine oder andere erschwingliche Laden. Beson-

ders zur Weihnachtszeit laden dann prächtig dekorierte Schaufenster zum Window-Shopping ein, **wenn alles traumhaft schön beleuchtet ist. Hier bekommt man seinen Wunschzettel für den Weihnachtsmann sicher schnell gefüllt.**

U-Bahn: Herrengasse, Stephansplatz, Karlsplatz/Oper

LOW
$
BUDGET

Sparfüchse können hier das eine oder andere kulinarische Schnäppchen machen!

18. MANNER FLAGSHIP STORE

Falls du auch zu den Menschen gehörst, die schon beim Anschauen von Süßkram Hüftgold ansetzen, solltest du vielleicht besser einen großen Bogen um den Flagship Store der Wiener Süßwarenfabrik machen. Dummerweise ist das gar nicht so einfach, denn das Geschäft hat seinen Sitz prominent direkt gegenüber dem Stephansdom. Ob du nun willst oder nicht, irgendwann wirst du todsicher daran vorbeilaufen. Und wenn du schon mal hier bist, kannst du ja

auch mal gucken. Dass es dann aber beim Gucken bleibt, dafür stehen die Chancen nicht gerade gut. Der kleine Laden ist ein Paradies für Naschkatzen und bis oben hin vollgestopft mit Leckereien: Die berühmten „Original Manner Neapolitaner Schnitten" in der traditionellen rosafarbenen Verpackung dürfen natürlich nicht fehlen, aber auch Mozartkugeln, Schaumzuckerwaren oder Dragees lassen dir garantiert das Wasser im

Mund zusammenlaufen. Aber, was soll's, eine kleine Sünde muss auch mal erlaubt sein …

Stephansplatz 7 | U-Bahn: Stephansplatz

19. WIENER SEIFE

Die Weltmeere werden von immer mehr Plastik zugemüllt. Schön, dass es da Läden gibt, die mit einem kleinen Beitrag gegen die Müllflut ankämpfen. Die wundervoll duftenden Seifen in dem kleinen Shop werden in umweltfreundliches Recyclingpapier gewickelt. Klar, dass die Seife selbst auch durch und durch ein Naturprodukt ist. Das kleine Team stellt in seiner Manufaktur in der Hintzerstraße 2 im 3. Bezirk noch jede einzelne Seife nach einem uralten, streng gehüteten Geheimrezept des letzten Wiener Seifensieders Friedrich Weiss her. Auf Kokosölbasis und nach dem schonenden Kaltrührverfahren, wie auf der Website erklärt wird. Statt Konservierungsstoffen, Mineralölen und chemischen Zusätzen kommen nur die feinsten ätherischen Öle und Pflanzenextrakte zum Einsatz. Hier findest du das komplette Körperpflege-Programm: Handseifen, Körperseifen, Haarseifen, Badezusätze, ja sogar Zahnputzseifen. Total originelle Mitbringsel und ein Genuss für alle Sinne!

Herrengasse 6 | U-Bahn: Herrengasse

WIEN
Innere Stadt West

Weiter geht's im historischen Zentrum Wiens. Hier wird es imperial. Dass Wien Zentrum eines Weltreichs war, erahnt man noch heute rund um die imposante Hofburg. Du kannst im Fiaker (teuer), in der Tram (günstiger) oder zu Fuß (umsonst) die Ringstraße, einen der prächtigsten Boulevards Europas, erkunden, in einem hippen Museumshof oder von Rosen umrahmt faulenzen und noch mehr traditionelle Kaffeehäuser besuchen. Aber auch kulinarische Reisen sind hier drin.

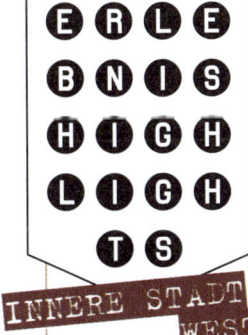

ERLEBNIS HIGHLIGHTS

INNERE STADT WEST

> **STAUNEN AUF DEM RING**

> **DIE WAHRE GESCHICHTE SISIS**

> **ZAUBER IM SCHMETTERLINGHAUS**

> **SUNNY AFTERNOON IM VOLKS- UND BURGGARTEN**

> ....

> ....

> ....

Zu Besuch bei Kaiser und Kaiserin

Innere Stadt West

SEHENSWERTES

- **20** SPAZIERGANG ÜBER DIE RINGSTRASSE
- **21** JUSTIZPALAST & CAFÉ
- **22** HOFBURG
- **23** MUSEUMSQUARTIER
- **24** KUNSTHISTORISCHES & NATURHISTORISCHES MUSEUM
- **25** PALMEN- & SCHMETTERLINGSHAUS

PARKS

- **26** VOLKS- & BURGGARTEN

ESSEN & TRINKEN

- **27** CRÊPE & WAFFLE PARADISE
- **28** KAFFEEKÜCHE
- **29** EIS GREISSLER
- **30** CAFÉ CASPAR
- **31** VEGGIEZZ
- **32** CAFÉ CENTRAL

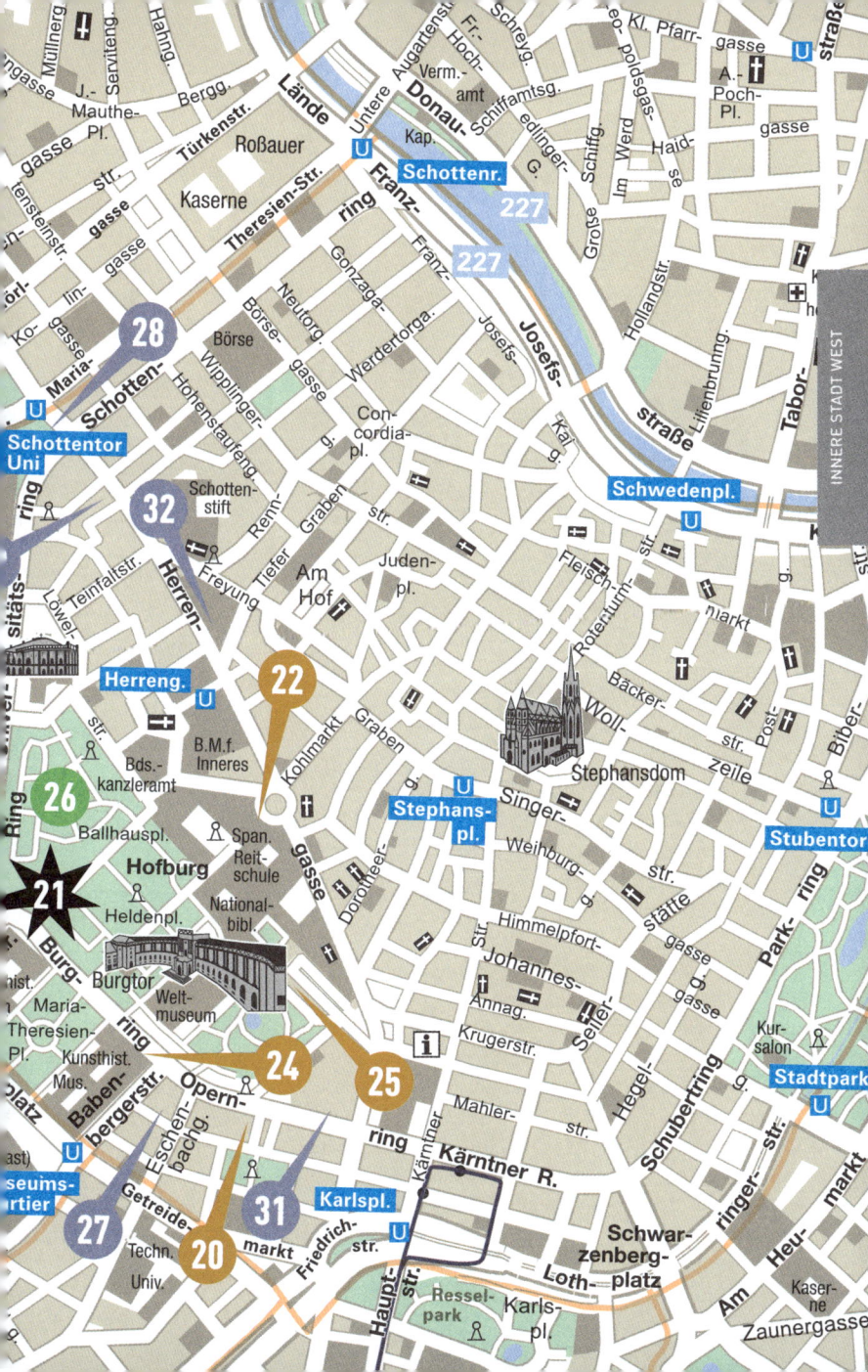

SEHENSWERTES

20. SPAZIERGANG ÜBER DIE RINGSTRASSE

Klotzen, nicht kleckern! Unter diesem Motto wurde Wien in der zweiten Hälfte des 19. Jh. ordentlich herausgeputzt. Anlass dazu war das Schleifen der alten Stadtbefestigung. An deren Stelle wurden viele Bauten hochgezogen, die heute noch den Prunk der Donaumonarchie verströmen. Einen tollen Eindruck bekommst du bei einem Spaziergang auf der Ringstraße – von den Wienern nur „Ring" genannt – die dem Verlauf der alten Stadtmauer folgt. **Du beginnst am besten an der Staatsoper, für mich eines der schönsten Gebäude Wiens.**

> **TIPP**
> Eine Fahrt mit dem Fiaker ist gigantisch, aber kein billiger Spaß. Du kannst dich aber auch fast umsonst über den Ring kutschieren lassen: und zwar von der Tram. An regnerischen Tagen die perfekte Alternative zum Spaziergang.

LOW $ BUDGET

Kaum zu glauben, dass die Wiener den Bau einst so heftig kritisierten, dass sich einer der Architekten, Eduard van der Nüll, aus lauter Kummer erhängte. Gehe nun weiter im Uhrzeigersinn, und du entdeckst einen tollen Foto-Spot nach dem anderen: die Hofburg (S. 46) den Volksgarten (S. 53), das an einen griechischen Tempel erinnernde Parlament oder das prächtige Burgtheater. Ich möchte hier unbedingt bald mal eine Führung mitmachen und einen Blick hinter die Kulissen des größten Sprechtheaters Europas werfen.

Gegenüber steht das neugotische Rathaus. Auf dem Platz davor funkelt im Januar der Wiener Eistraum, eine riesige, abends zauberhaft beleuchtete Eislaufbahn. **Und die schlauen Köpfe von morgen studieren nebenan im Hauptgebäude der Wiener Universität, das öffentlich zugänglich ist und ebenfalls tolle Insta-Motive bietet;** auch hier gibt's Führungen.

U-Bahn: Karlsplatz/Oper, Museumsquartier, Volkstheater, Rathaus, Schottentor

INNERE STADT WEST

Mein absoluter Lieblings-Fotospot in Wien ist die Staatsoper. Hier gibt es zudem unzählige coole Hintergründe für Portrait- oder Outfit-Shootings.

FOTO TIPP FOTO TIPP FOTO TIPP FOTO TIPP

Auf der imposanten Treppe lassen sich einmalige Fotos machen und auch die kleinen Balkone links und rechts eignen sich perfekt dafür. Aber immer schön auf den Wachmann hören!

21. JUSTIZPALAST & CAFÉ

Noch immer ein toller Geheimtipp: Nicht nur die mega Neorenaissancefassade verdient es, hier einen Zwischenstopp einzulegen. Auch ins Innere solltest du einen Blick werfen – wenn dich der Sicherheitscheck am Eingang nicht stört. Die fantastische Aula strahlt ganz schön viel Würde aus – das kann einem schon mal die Sprache verschlagen. Blickfang ist die majestätisch thronende Justitia, die römische Göttin der Gerechtigkeit. Schließlich wird am Obersten Gerichtshof auch immer noch Recht gesprochen. Trotzdem ist's meistens o. k., ein Foto zu schießen, sofern du dafür nicht kreuz und quer durch die Halle marschierst oder zigmal die Treppe rauf- und runterläufst. Zur Entspannung fährst du dann mit dem Fahrstuhl hinauf aufs Dach, wo dich das Justizcafé erwartet. **Hier kannst du Wiener Schnitzel essen oder eine Melange trinken, während du die sagenhafte Aussicht genießt.**

Schmerlingplatz 10 | U-Bahn: Rathaus

TIPP

Das Justizcafé bekocht tagsüber Richter und Staatsanwälte und auch du bist herzlich willkommen. Die Aussicht hier oben lässt sich aber auch fabelhaft mit einer Tasse Kaffee genießen.

BUCKET LIST
Justizpalast

Klebe deinen
schönsten Schnappschuss ein.
Egal von welchem grandiosen Ausblick,
von dir auf der großen Treppe
oder die Skyline von Wien.

22. HOFBURG

Servus und Grüß Gott bei Sisi und ihrem Franzerl. Die Hofburg war jahrhundertelang die Stadtresidenz der Habsburger und damit das Machtzentrum ihres riesigen Reiches. Kein Wunder also, dass sie nicht nur für alle Fans der Royals zum Pflichtprogramm gehört. Nimm dir also besser ein bisschen Zeit für den Besuch, wenn du nicht nur durch die Höfe der Burg schlendern willst. Denn zum Anschauen gibt es jede Menge: Da wären zum Beispiel die Kaiserappartements, die bis zum Untergang der Donaumonarchie im Jahr 1918

FOTO TIPP FOTO TIPP FOTO TIPP FOTO TIPP

Um das ganze Gebäude auf's Foto zu bekommen lohnt es sich, von weit unten nach oben zu fotografieren.

Hier gibt es unzählige Dinge zu entdecken... Plane deshalb unbedingt genug Zeit ein!

TIPP
Da der Run auf die Spanische Hofreitschule gigantisch ist, solltest du dir schon Monate im Voraus ein Ticket für eine Vorstellung sichern.

von den Habsburgern bewohnt wurden. Oder das Sisi Museum, in dem das tragische Schicksal ohne den Kitsch der berühmten Film-Trilogie beleuchtet wird. Kostbarkeiten von unschätzbarem Wert zeigt die Kaiserliche Schatzkammer, darunter die Kaiserkrone und der größte geschnittene Smaragd der Welt – er wiegt 2680 Karat! Prachtvoll ist auch der Prunksaal der Österreichischen Nationalbibliothek – in diesem tollen Spot darfst du allerdings nicht fototgrafieren! **Und dann ist da noch die Spanische Hofreitschule, die ich immer wieder total beeindruckend finde – mega**

Fotos inklusive: Sie ist die einzige Institution der Welt, an der die klassische Reitkunst der Hohen Schule von der Renaissance bis heute bewahrt und unverändert gepflegt wird. Wenn du dich auch für Pferde begeisterst, solltest du dir unbedingt eine Vorstellung anschauen.

Michaelerplatz 1 | U-Bahn: Herrengasse, Volkstheater

47

TIPP

Fantastische Souvenirs produziert der Old-School-Fotoautomat, der für ein paar Euro in wenigen Minuten geniale Schwarz-Weiß-Aufnahmen ausspuckt.

LOW
$
BUDGET

23. MUSEUMSQUARTIER

Der große Innenhof des MuseumsQuartiers ist mit seinen Cafés und Bars im Sommer **einer der beliebtesten Hotspots zum Chillen, Essen und Relaxen. Am besten geht das auf den Enzis, den knallbunten futuristischen Sitzbänken,** die bei schönem Wetter vorwiegend von jungen Studenten belagert werden. Und bei schlechtem Wetter? Gibt es immer noch drei grandiose Museen, die das MuseumsQuartier zu einem der größten Kunstareale der Welt machen. Viel zu viel für einen Tag, also picke dir dein Highlight heraus: Das lichtdurchflutete Leopold Museum zeigt eine Sammlung mit wegbereitenden Werken der Moderne, darunter die verwirrenden Gemälde Egon Schieles. Noch moderner geht's hinter der schwarzen Basaltfassade des MUMOK zu, wo du der Frage nachgehen kannst, wann Kunst Kunst ist. Schön schräg ist das eine oder andere Werk jedenfalls zweifelsohne. Auf Foto- und Videokunst und neue Medien konzentriert sich schließlich die Kunsthalle Wien. Komplettiert wird das Ganze vom Architekturzentrum, dem Kindermuseum ZOOM und dem Tanzquartier. Und noch ein **Tipp für die Adventszeit: Im Winter gibt es einen Weihnachtsmarkt der etwas anderen Art – sehr modern und sehr cool.**

U-Bahn: MuseumsQuartier

BUCKET LIST
Museumsquartier

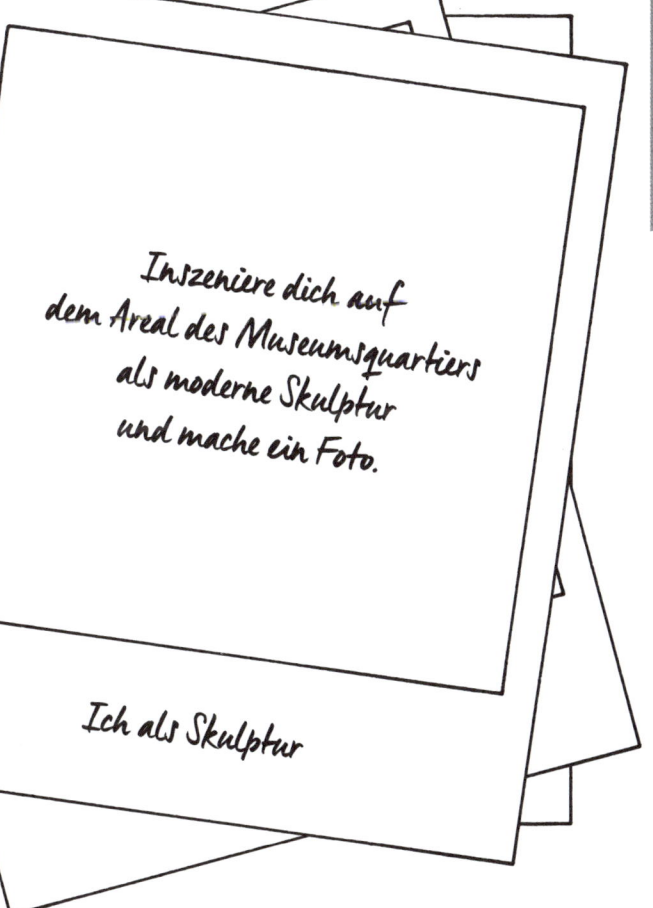

Inszeniere dich auf
dem Areal des Museumsquartiers
als moderne Skulptur
und mache ein Foto.

Ich als Skulptur

24. KUNSTHISTORISCHES & NATURHISTORISCHES MUSEUM

Dass es die Habsburger verstanden haben, protzige Bauwerke zu errichten, weiß man ja. Doch dass sie gleich zwei Museumspaläste erbaut haben, überrascht dann vielleicht doch ein wenig. An prominenter Stelle, direkt gegenüber der Hofburg, gab Kaiser Franz Joseph I. diese Zwillingsgebäude in Auftrag, die – ihre Namen verraten es – die kunst- und naturhistorischen Sammlungen der Habsburger der Öffentlichkeit zugänglich machen sollten. Wenn du nur wenig Zeit hast, wählst du vielleicht besser schon vorher aus, was du sehen willst. Denn die Ausstellungen sind viel zu groß, als dass man sie in ein, zwei Stunden auch nur ansatzweise vollständig anschauen könnte. Werke von Rubens, van Dyck, Tizian und Tintoretto hier, eine riesige Meteoritensammlung, Präparate von ausgestorbenen Tieren – manches ist ziemlich angestaubt –, Modelle Furcht einflößender Dinosaurier und ein digitales Planetarium dort. Und dazwischen der grüne Maria-Theresien-Platz, auf dem das überdimensionale Denkmal der gleichnamigen Kaiserin aus dem 18. Jh. steht – im Sommer ist er bei jungen Wienern ein beliebtes Plätzchen zum Chillen. **Auch wenn du die Gebäude nur von außen betrachtest, lohnt sich ein Besuch. Ich verbringe immer gern ein paar Stunden im Inneren, schlendere durch die ewig hohen Hallen und bestaune die mega vielen Exponate.**

Maria-Theresien-Platz | U-Bahn: Volkstheater, MuseumsQuartier

Gerade bei schlechtem Wetter gibt's hier an jeder Ecke etwas zu entdecken und bewundern.

25. PALMEN- & SCHMET-TERLINGSHAUS

Am Rand des Burggartens, nahe der Albertina, wird's exotisch. Hier steht das im Jugendstil errichtete Gewächshaus der Habsburger, das heute zwei außergewöhnlichen Locations Unterschlupf bietet. Da wäre zunächst das Palmenhaus: Wie der Name schon sagt, wachsen und gedeihen in der großartigen Stahl-Glas-Konstruktion die verschiedensten Pflanzen –

vor allem solche, die es schnuckelig warm mögen. Außerdem findest du hier ein cooles Café, in dem du kurz Pause machen kannst. **Am meisten liebe ich aber das Schmetterlingshaus nebenan, in dem zahllose kleine und große Tiere frei umherflattern dürfen. Und wenn du Glück hast, landet einer der Schmetterling sogar auf dir. Es gibt kaum etwas, das mehr entschleunigt, als sich in Geduld zu üben, bis sich eine der bunten Schönheiten perfekt vor der Kameralinse niederlässt. Ommm …**

Maria-Theresien-Platz | U-Bahn: Volkstheater, MuseumsQuartier

FOTO TIPP FOTO TIPP FOTO TIPP FOTO

TIPP
Verpasse vor lauter Pflanzen und Schmetterlingen nicht das Café mit seinem einzigartigen Ambiente, in dem am Wochenende auch mal ein DJ auflegt.

FOTO TIPP FOTO TIPP FOTO TIPP FOTO TIPP FOTO

TIPP
Besorge dir doch etwas Leckeres aus einem der umliegenden Restaurants & Cafés und mache es dir hier auf einer Picknickdecke in der Sonne gemütlich.

PARKS

26. VOLKSGARTEN & BURGGARTEN

Die Parks in Wien haben schon was. Selbst in der Inneren Stadt ist der nächste meistens nicht weit. Zwischen Hofburg und Burgtheater beispielsweise liegt die grüne Oase des Volksgartens. Nur einen Steinwurf von der Ringstraße entfernt lässt du die Hektik und den Lärm der Großstadt hinter dir und genießt die himmlische Ruhe hier.

Besonders zauberhaft ist der Rosengarten, ein großes Oval, in dem in Reih und Glied aufgestellte Stühle über 400 verschiedene Rosenarten flankieren – da wird vor allem im Frühsommer der Insta-Account schnell zum bunten Blütenmeer! Schon am Eingangstor kann man super schöne Bilder machen. **Ein weiteres beliebtes Fotomotiv, nicht nur bei Hochzeitsparen und Mode-Shootings, ist der romantische, schneeweiße Theseus-Tempel, der außerdem temporären Ausstellungen als Kulisse dient.** Viel geknipst wird schließlich auch am Denkmal der Kaiserin Elisabeth aka Sisi.

U-Bahn: Volkstheater, Herrengasse

ESSEN & TRINKEN

27. CRÊPE & WAFFLE PARADISE

Was für eine supersüße Location! In diesem Paradies nascht man nicht von verbotenen Äpfeln, sondern von himmlisch leckeren Waffeln und Crêpes, die man sich von dem extrem netten Personal auch nach Lust und Laune zusammenstellen lassen kann. **Ich pimpe meine Waffel am liebsten mit Erdbeeren, Blaubeeren, Banane, Krokant und Nutella.** Auch eine super Location für ein Food-Insta-Shooting. Praktischerweise gibt's dazu noch gratis Wifi – du kannst also schnell alle Fotos hochladen und dabei dein Datenvolumen schonen.

Babenbergerstraße 3 | U-Bahn: MuseumsQuartier | @crepewaffleparadise

28. KAFFEEKÜCHE

Für die Studenten der nahen Wiener Universität ist die Kaffeeküche in der Schottentor-Passage der Boxenstopp, der ihnen nach einer kurzen Nacht vor der 8-Uhr-Vorlesung noch hilft, die Lebensgeister zu wecken. Deshalb herrscht hier oft schon morgens ein ganz schöner Andrang und es kann auch mal etwas länger dauern, bis man als Koffeinjunkie endlich den dampfenden Becher in den Händen

Süße Location und Waffeln, die du dir selbst zusammenstellen kannst – was willst du mehr?

Die „Lovely Waffle" von Crêpe & Waffle Pardise

Stimmt wirklich: aus Muuh! wird Wow!

hält. Aber hey, dafür gibt's dann einen der besten und preiswertesten Biokaffees weit und breit, in den – sehr lobenswert! – pflanzliche Milch ohne Aufpreis kommt. Dazu gibt es kleine Snacks, Limonaden und Fruchtsäfte. Studentenherz, was willst du mehr?

Schottentor-Passage 8 | U-Bahn: Schottentor | www.kaffeekueche.at

29. EIS GREISSLER

An schönen Sommertagen kannst du das schnuckelige Eishäuserl kaum verfehlen. Denn dann wird es meistens von hungrigen Schleckermäulern belagert, die sich das superleckere Eis schmecken lassen. Das wird von nicht wenigen Wienern als bestes Eis der Stadt bezeichnet. Die Sorten sind nicht alltäglich, so kommen z.B. Steirische Kiwi, Maroni, Germknödel, Hafer-Chai-Küsschen und Graumohn in die Waffel. Auch Veganer dürfen

sich auf die kalte Erfrischung freuen, da mehrere Sorten aus ausschließlich pflanzlichen Zutaten hergestellt wurden. Das Eis kommt übrigens aus einer „kuuhlen" Manufaktur im niederösterreichischen Krumbach und kann in Wien an drei weiteren Standorten geschleckt werden: in der Rotenturmstraße 14, in der Mariahilfer Straße 33 und in der Neubaugasse 9.

Schottengasse 7 | U-Bahn: Schottentor | @eisgreissler

30. CAFÉ CASPAR

Das Caspar steuere ich immer an, wenn ich mich in der Nähe von Rathaus und Universität befinde. **Das supergemütliche Wohlfühlcafé verströmt eine angenehme Wohnzimmeratmo,** da kannst du dir auch einmal allein mit einem Schmöker ein Plätzchen suchen und bei einer leckeren heißen Schokolade den Regenschauer abpassen. Hungrig musst du auch nicht bleiben, es kommt traditionelle österreichische Küche auf den Tisch, die schon auch mal neu interpretiert wird. **Beliebt ist der Mittagstisch, den es übrigens auch to go gibt, und zwar auf Pfandgeschirr oder nachhaltig produzierten und kompostierbaren Bagassetellern.** Nachmittags kannst du dann den megaköstlichen Cheese Cake probieren und abends Essen à la carte bestellen. Nettes und aufmerksames Personal, faire Preise.

Grillparzerstraße 6 | U-Bahn: Schottentor | www.cafecaspar.com | @cafecaspar

31. VEGGIEZZ

In einer Stadt, in der Wiener Schnitzel, Tafelspitz und Selchfleisch zu den Standards gehören, dürften die Filialen dieser Restaurantkette für alle Veganer die Rettung und für alle anderen eine geniale Alternative sein. Das Veggiezz ist mehrmals in Wien vertreten, unter anderem auch am Opernring, überall ist das Konzept aber das gleiche: In den stylischen Restaurants kommen ausschließlich vegane Gerichte auf den Tisch. **Ich bestelle am liebsten die Crunchy Quinoa Pumpkin Bowl oder stelle mir meine eigene glutenfreie Pasta zusammen, meistens Fusilli mit Basilikum-Pesto und verschiedenen Special Toppings.** Lecker sind aber auch die Burger mit Seitan-, Grünkern- oder Erbsenprotein-Patty, die ebenfalls glutenfrei geordert werden können. Und dann wären da noch Suppen zum Glücklich-Essen, Wraps, Quinottos, Rolls und die superleckere hausgemachte Limo.

Opernring 6 | U-Bahn: Oper/Karlsplatz | www.veggiezz.at | @veggiezz_salzgries

32. CAFÉ CENTRAL

Die Kaffeehäuser gehören zu Wien wie das Schnitzel und der Prater – und das Café Central im Palais Ferstel nahe der Hofburg ist eine echte Legende. Das hat einen kleinen Haken: Denn gefühlt alle Wien-Touris wollen mindestens einmal in dem piekfeinen Ambiente mit Marmorsäulen und Kronleuchtern auf den samtbezogenen Bänken und Stühlen Platz nehmen, eine Melange oder einen Einspänner trinken, einen echten Wiener

Super leckere und dazu noch vegane Pasta gibt's im Veggiezz. Mhhhm...

Das Café Central ist ein Klassiker in Wien.

Apfelstrudel verdrücken und – ganz wichtig – ein Selfie schießen. Daher kann es schon mal ein paar Minütchen dauern, bis du einen Tisch ergattert hast. Dafür kannst du dann zuhause erzählen, dass du in dem Kaffeehaus gesessen bist, das der Revolutionär Leo Trotzki (der mit Lenin), der Psycho-Doc Sigmund Freud (der mit dem Über-Ich) oder so berühmte Literaten wie Arthur Schnitzler (der mit der „Traumnovelle") gerne ihren Kaffee getrunken haben. Neben den obligatorischen, das Hüftgold umschmeichelnden Süßspeisen gibt es auch ein paar Wiener Klassiker. Und ab 17 Uhr spielt der Piano Man am Flügel. Viel Tradition, viel Kitsch, viel Kult!

Herrengasse 14 | U-Bahn: Herrengasse | www.cafecentral.wien | @cafecentralwien

WIEN
Neubau & Norden

Weniger Touris, dafür mehr authentisches Wien erwartet dich in Neubau, dem 7. Bezirk Wiens, und in den angrenzenden Bezirken. Frischer, urbaner Wind weht durch die alten, hübsch herausgeputzten Gemäuer des In-Viertels Spittelberg, an Cafés und coolen Szenetreffs, schnieken Restaurants und Würstelbuden herrscht hier kein Mangel. Fashonistas zieht es in die Neubaugasse. Aber auch Wiens morbide Ader kannst du hier entdecken!

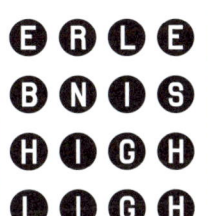

ERLEBNIS HIGHLIGHTS

NEUBAU & NORDEN

> **EIN DRINK ÜBER DEN DÄCHERN WIENS**

> **DIE BESTE WURST WIENS**

> **GRUSELN IM NARRENTURM**

> **SECONDHAND-SCHÄTZE IN DER BURGGASSE**

> ....

> ....

> ....

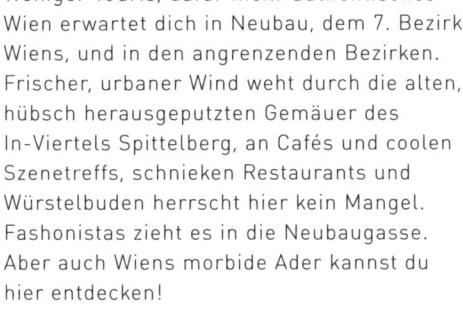

Wien kann auch ganz anders!

Neubau & Norden

SEHENSWERTES

- 33 DACHBODEN
- 34 SPITTELBERG & STROZZIGRUND
- 35 KUTSCHKERMARKT
- ✹ DIE BESTE WURST WIENS
- 37 SERVITENVIERTEL
- 38 NARRENTURM

PARKS

- 39 SIGMUND-FREUD-PARK
- 40 TÜRKENSCHANZPARK

ESSEN & TRINKEN

- ✹ THE LALA
- 42 SWING KITCHEN
- 43 VEGANISTA ICE CREAM
- 44 ULRICH.
- 45 ERICH.
- 46 WIRR
- 47 DIE BURGERMACHER
- 48 CAFÉ TELEGRAPH
- 49 ALL REIS BANGKOK STREET FOOD
- 50 DIE KNÖDEL MANUFAKTUR WIEN
- ✹ CRÈME DE LA CRÈME
- 52 HILDEBRANDT CAFÉ
- 53 KRYPT.
- 54 JONAS REINDL COFFEE ROASTERS

SHOPPING

- 55 BURGGASSE 24
- 56 NEUBAUGASSE & UMGEBUNG

Leckere Drinks, ein grandioser Ausblick auf die Ringbauten und gute Musik – mehr braucht es für einen gelungenen Abend im Dachboden nicht!

SEHENSWERTES

33. DACHBODEN

Eigentlich ist der Dachboden keine klassische Sehenswürdigkeit. Wie der Name schon verrät, geht's hier hoch hinaus, und zwar auf das Dach des 25hours Hotels. Hat dich einmal der Lift zum Rooftop hinaufkatapultiert, weißt du vielleicht erst einmal gar nicht, wohin du deine Blicke schweifen lassen sollst. Denn die Aussicht ist ganz klar einer der Hauptgründe für einen Besuch der Dachbar. Der Blick auf die Ringbauten ist so grandios, dass du fast vergessen könn-test, an deinem Getränk zu nippen. Dabei sind die Cocktails top, wenn auch nicht gerade ein Schnäppchen. Ein Geheimtipp ist der Dachboden nicht mehr, weshalb es vor allem am Wochenende recht voll werden kann – dann kommt auch das Personal manchmal ins Schwimmen. **Trotzdem gehe ich dort abends gerne mit Freunden auf ein paar Drinks hin. Oft gibt's dann auch einen DJ, der gute Musik auflegt.**

Lerchenfelder Straße 1 (U-Bahn: Volkstheater

Der Spittelberg ist gerade in der Weihnachtszeit mit seinem Christkindlmarkt einfach ein Muss!

34. SPITTELBERG & STROZZIGRUND

Ein Spaziergang über den Spittelberg, das In-Viertel gleich beim Museums-Quartier, macht einfach Spaß. Dabei ist es noch gar nicht so lange her, dass sein Ruf ziemlich mies war. Noch Mitte des 20. Jh. gingen hier vor allem Prostituierte ihrem Gewerbe nach. Doch dann wurden die Biedermeier-häuser schnieke renoviert, neue Mieter zogen ein und aus zwielichtigen Spelunken wurden alternative Shops und hippe Kneipen. Und so wurde der Spittelberg zu dem, was er heute ist: eine der schönsten Ecken Wiens. Hier lässt du dich ziellos durch kleine Straßen und Gassen treiben und entdeckst süße Boutiquen und Cafés. Mein Favorit für die Adventszeit ist der Christkindlmarkt, wenn überall in dem Viertel Lichterketten hän-

gen und eine besinnlich-romantische Stimmung verströmen. Gleiches Flair, bereits im 8. Bezirk, aber nur einen Steinwurf entfernt: Auch der Stroz-zigrund ist eine gute Adresse, um ins urbane Leben einzutauchen.

U-Bahn: MuseumsQuartier, Volkstheater

> **TIPP**
> Ziemlich genau in der Mitte zwischen Spittelberg und Strozzigrund ist der St.-Ulrichs-Platz eine besonders malerische Ecke.

Das stylishe Vintage-Interieur im Café Himmelblau ist perfekt für ein paar Girly-Instagram-Bilder. Auch die Kuchen geben eine gute Figur ab und schmecken zudem einfach himmlisch (vor allem die Schokotarte!).

FOTO TIPP FOTO TIPP FOTO TIPP FOTO TIPP FOTO

NEUBAU & NORDEN

35. KUTSCHKERMARKT

Wenn Liebe durch den Magen geht, wirst du dich spätestens auf dem Kutschkermarkt in Wien verlieben. Der Treffpunkt von Jung und Alt im 18. Bezirk ist bekannt für die vielen exklusiven Delikatessen, die es hier zu kaufen gibt, für seinen tollen Bauernmarkt am Samstag und seine bunten Lokale und Geschäfte. Neben dem Brunnenmarkt ist er der letzte der einst zahlreichen Straßenmärkte in der Donaumetropole. Wer also Märkte genauso sehr liebt wie ich, sollte hier unbedingt vorbeischauen. **Schon allein für das Auge (aber auch für die Kamera!) sind die bunte Vielfalt an frischen Produkten und die** **wunderschön angerichteten Obst- und Gemüsesorten ein Hochgenuss!** Und an einem faulen Sonntag gibt es nichts Schöneres, als hier einen Kaffee zu trinken und dem Treiben zuzusehen. Toll ist zum Beispiel die Cafébrennerei Franze mit Kaffee aus der eigenen Rösterei und Teespezialitäten aus aller Welt in Bio- und Fairtrade-Qualität. Im Café Himmelblau gibt's dagegen einen coolen Vintage-Look, Frühstück bis 15 Uhr und eine sagenhafte Schoko-Tarte. Mein absolutes Lieblingsfrühstück bleibt aber „Das Himmelblaue".

U-Bahn: Währinger Straße/Volksoper | www.amkutschkermarkt.at

Perfekter Snack für zwischendurch oder als Grundlage vor/während des Feierns

36. DIE BESTE WURST WIENS

Die Käsekrainer ist Kult. Diese mit Emmentaler gefüllte Schweinsbratwurst wird von vielen Wienern heiß und innig geliebt. Dabei wird sie schon einmal von ihren Jüngern „Eitrige" genannt, die man natürlich mit einem „Buggl" (Brötchen), einem „Krokodü" (Essiggurke) und/oder „Glasauge" (Perlzwiebel) bestellt – wie der süße Senf genannt wird, überlasse ich deiner Fantasie… (Auflösung S. 9) Und wo gibt es nun die beste Wurst der Stadt? Darüber wird heftigst gestritten und es ist eine Megaaufgabe, sich durchzuprobieren, denn Grillbuden gibt es in der ganzen Stadt. Hier drei „heiße" Tipps: Der **Wiener Würstelstand** im 8. Bezirk grillt mit viel Herzblut nicht nur Bio-Käsekrainer. Bei den beiden Salzburgern kommen auch die leckeren Bosna (das Salzburger Pendant eines Hotdogs) auf den Grill. **Zu einem perfekten Wien-Trip gehört meiner Meinung nach aber auch unbedingt eine knackige Wurst vom Bitzinger Würstelstand, die du am Brunnen vor der Albertina verspeist (S. 19).** Und dann gibt's da noch den **Scharfen René,** dessen in Rindsbrühe gebrühte Bio-Würstel aus der Steiermark auf Wunsch mit der hauseigenen Currysauce daherkommen. Den Schärfegrad bestimmst du selbst. Fun Fact am Rande: Renés „Höllenfeuerzuckerl" sind die vielleicht schärfsten Bonbons der Welt!

Wiener Würstelstand: Pfeilgasse | Tram: Strozzigasse | Bitzinger Würstelstand: Albertinaplatz 1 | U-Bahn: Karlsplatz/Oper | Zum Scharfen René: Schwarzenbergplatz 15 | U-Bahn: Karlsplatz/Oper

BUCKET LIST

Die beste Wurst Wiens

Welche wird deine Lieblingswurst? Teste dich durch die verschiedenen
Imbissbuden und küre deinen Gewinner.

BEST WÜRSTL IN TOWN

LOCATION	WÜRSTL-NAME	RATING
		☆ ☆ ☆ ☆ ☆
		☆ ☆ ☆ ☆ ☆
		☆ ☆ ☆ ☆ ☆
		☆ ☆ ☆ ☆ ☆
		☆ ☆ ☆ ☆ ☆
		☆ ☆ ☆ ☆ ☆
		☆ ☆ ☆ ☆ ☆
		☆ ☆ ☆ ☆ ☆

NEUBAU & NORDEN

37. SERVITENVIERTEL

Noch ein malerisches Viertel zum Schlendern, in dem es eine Menge hübsche Ecken zu entdecken gibt. Viele beeindruckende Hausfassaden, ausgefallene Läden, nette Cafés oder auch Urban Gardening wie an der Porzellangasse machen das Servitenviertel zum ultrabeliebten „Grätzl" (so nennen die Wiener ihre Wohnbezirke). Mitten drin steht die Servitenkirche, hier wie im ganzen Viertel geht es deutlich ruhiger zu als an den bekannteren Hotspots. Umso schöner ist es, hier ohne großen Trubel spazieren zu gehen, sich in einen der vielen Gastgärten zu setzen und das französische Flair des Viertels zu genießen. Ziele könnten beispielsweise der wundervoll verwunschene Jüdische Friedhof Rossau mit seinen uralten, hebräisch beschrifteten Grabsteinen sein. Oder die berühmte Strudlhofstiege, die sich als ungewöhn-

liche Kulisse für ein Selfie mit deinem neuen Lieblingsteil anbietet. Und falls du zufällig Psychologie studierst oder Hobby-Pschologe/in bist, darfst du natürlich auf keinen Fall das Sigmund-Freud-Museum verpassen.

U-Bahn: Schottentor, Roßauer Lände, Tram: Bauernfeldplatz, Schlickgasse

TIPP

Petit Paris in Vienna: Ein Hingucker ist das Cafébistro La Mercerie. Alte Apothekerschränke an den Wänden, verführerisch duftende Baguettes und Croissants auf den Tellern. Très bien!

Zugegeben: Etwas gruselig ist der Narrenturm schon.

> **TIPP**
> Wer nach dem Narrenturm einen Drink braucht: Die urige Stiegl Ambulanz leistet schnell und zuverlässig erste Hilfe!

38. NARRENTURM

Achtung: US-Serien wie „Bones" zu schauen oder True-Crime zu hören ist dann doch etwas anderes, als ganz real mit den Exponaten dieses gruseligen Museums konfrontiert zu werden! Wer also die Pathologisch-Anatomische Sammlung im Narrenturm besichtigen will – er heißt so, weil in dem Rundbau einst Geisteskranke untergebracht waren –, sollte unbedingt einen robusten Magen haben. Denn zu sehen gibt es hier Nachbildungen körperlicher Fehlbildungen, missgebildete Föten, Verkrüppelungen und Raucherlungen. Die Wiener haben eben eine morbide Ader und eine ganz spezielle Verbindung zum Tod. Für alle, die medizinisch interessiert sind, ist das Museum aber Pflicht.

Spitalgasse 2 | Tram: Lazarettgasse

PARKS

39. SIGMUND-FREUD-PARK

Selbst wer nur Hobby-Psychologe ist, hat den Namen Sigmund Freud todsicher schon einmal gehört. Und da der Begründer der Psychoanalyse in Wien lebte und arbeitete, bis er vor den Nazis nach London fliehen musste, ist er auch im Wiener Stadtbild präsent. So wurde der kleine Park direkt gegenüber der Universität, die viele Jahre seine Wirkungsstätte war, nach Freud benannt. Durch die Nähe zur Uni zieht er an schönen Tagen vor allem Studis an, die sich zwischen zwei Seminaren faul die Sonne auf den Pelz scheinen lassen. Eine feine Sache sind die im Park aufgestellten Gratis-Liegestühle, auf die man sich fläzen darf. Wer sich gerne Kirchen anschaut, kann auch eine Stippvisite bei der neugotischen Votivkirche an der Nordwestseite des Parks machen. Erbaut wurde sie, nachdem der junge Kaiser Franz Joseph I. nur um Haaresbreite ein Attentat überlebt hatte. Seitlich und hinter der Kirche geht's dann mit viel Grün, nun als Votivpark, weiter. Du willst noch mehr über Sigmund Freud erfahren? Dann mache doch noch einen Abstecher ins nahe gelegene Sigmund-Freud-Museum (siehe S. 68).

Universitätsstraße 6 | U-Bahn: Schottentor

40. TÜRKENSCHANZPARK

Auf solch einen Park wären sie in vielen Städten neidisch – in Wien ist er nur einer von vielen. Und nicht einmal der größte, dafür aber ein richtig schöner. Seinen merkwürdigen Namen verdankt der Türkenschanzpark im äußeren Bezirk Währing einer Schanze, die die Türken wohl im 17. Jh. bei der Belagerung Wiens angelegt haben. Heute geht's hier deutlich ruhiger zu, in der weitläufigen Grünanlage kannst du – auf ausgewiesenen Liegewiesen – faulenzen, Frisbee werfen, 'ne Runde joggen oder auch deine botanischen Kenntnisse auffrischen. Der Park ist nämlich Heimat vieler seltener Pflanzen und Bäume, die von der benachbarten Universität für Bodenkultur gepflanzt und teilweise auch beschriftet wurden. Richtig schön ist auch das viele Wasser, es gibt einen „Bergsee", einen „Waldteich", einen „Kurpark-Teich" und eine Auen-Landschaft beim „Lehrteich". Und vom Aussichtsturm der Paulinenwarte bietet sich ein famoser Blick auf Wien und den Wienerwald. Langeweile kommt also bei diesem City-Ausflug ins Grüne garantiert nicht auf!

Bus: Gregor-Mendel-Straße, Türkenschanzplatz, Dänenstraße

> TIPP
> Im Park ist immer wieder was geboten: Im Sommer steigt ein Kunst- und Kulturfestival, im Winter ein stimmungsvoller Weihnachtsmarkt.

Die veganen Gerichte sind nicht nur lecker, sondern auch noch total fotogen ... wie alles im The Lala!

FOTO TIPP FOTO TIPP FOTO TIPP FOTO TIPP

ESSEN & TRINKEN

41. THE LALA

Ach ja, ein bisschen „La La Land"-Zauber tut doch immer gut. Und so macht ein Abstecher zu diesem kleinen veganen SB-Bistro einfach glücklich. Emma Stone und Ryan Gosling werden dir hier natürlich nicht begegnen, dafür gibt es aber sonst alles, was die Herzen vegan lebender Menschen höher schlagen lässt: Proteinshakes, Smoothies, Süßes für Zwischendurch und viele andere Speisen aus rein pflanzlichen Lebensmitteln. Klasse sind die Million-Dollar-Bites aus Hafermehl, Trockenfrüchten, Nüssen und Kakao: Unbedingt probieren – ich liebe die Mischung aus dem leicht salzigen und dem Karamellgeschmack! „La La Land" ist eine Açai-Bowl mit Granola, Früchten und Kokoschip. Mit Spinat nennt sich die Bowl dann „Oh so green!" Die Proteinshakes kann man mit Toppings wie Hanfsamen, Kakaonibs oder sonstigen Superfoods pimpen. **Superschön angerichtete Speisen und superschöne Einrichtung à la Kalifornien mit viel Pink – perfekt für coole Instagram-Bilder.**

Neustiftgasse 23 | U-Bahn: Volkstheater | www.the-lala.com | @thelalavienna

BUCKET LIST
The Lala

Gestalte diese Seite komplett in Rosa. Ob du etwas Rosafarbenes einklebst,
malst oder ein Foto von dir im Lala machst, ist egal. La vie en rosé!

Lust auf leckere Burger, vegane Nuggets und himmlischen Cheesecake? Dann ab zu Swing Kitchen!

42. SWING KITCHEN

Dass Fast Food auch anders geht, zeigt diese Restaurantkette, die es gleich mehrmals in Wien (und auch in Berlin und Bern) gibt. Selbst viele Fleischliebhaber kommen immer wieder her, um sich die aus rein pflanzlichen Zutaten hergestellten Burger und Wraps schmecken zu lassen. Die sind nicht nur gesund, sondern werden auch ressourcenschonend hergestellt und komplett ohne Plastik serviert. Im Sommer gibt's auch leckeres veganes Softeis. **Mein Lieblingsmenü: Kitchen Wrap mit Veganschnitzel, Basilikum-Lemon Sauce und viel frischem Gemüse, dazu Vegan Nuggets und als Nachspeise den Cheesecake.**

Währinger Straße 47 | U-Bahn: Währinger Straße/Volksoper, Tram: Spitalgasse, Währinger Straße | www.swingkitchen.com | @swing_kitchen

43. VEGANISTA ICE CREAM

Dass Eiscreme natürlich super ohne Kuhmilch funktioniert, beweisen die Macher dieser genialen Eisdiele. Klar, Fruchtsorbets gehen natürlich immer. Die „Klassiker" bekommen einen modernen Twist und werden hier aus Hafer- Mandel- oder Sojamilch hergestellt – einfach köstlich. Dazu kommen dann noch so fancy Sorten wie Erdbeer-Agave, Heidelbeer-Lavendel, Kaffeetschi & Schoko (Cold Brew Ice mit Schokostückchen) oder Matcha in die biologisch abbaubaren Eisbecher. Überhaupt wird Bio von den zwei Schwestern Susanna und Cecilia, den kreativen Köpfen hinter Veganista, großgeschrieben. Sie verzichten komplett auf künstliche Zusatz- und Aromastoffe, auf Eispulvermischungen oder künstliche Farbstoffe. Die teils knalligen Farben der Eissorten sind ganz allein den Zutaten zu verdanken, die immer natürlich sind und – wo es geht – aus biologischem Anbau stammen. Und das schmeckt man einfach! Neben der Eisdiele in der Neustiftgasse haben Susanne und Cecilia allein in Wien zehn (!) weitere Filialen am Start. Und falls du von dem Eis nicht genug bekommen kannst: Dort gibt's auch das Veganista Buch mit vielen köstlichen Eisrezepten – zu Hause ist dann DIY angesagt!

Neustiftgasse 23 | U-Bahn: Volkstheater | www.veganista.at | @veganistaicecream

44. ULRICH.

So easy wie das Viertel drum herum präsentiert sich auch das Ulrich: ziemlich urban, ziemlich modern und ziemlich unaufgeregt eben, im mausgrauen Industrial-Look mit viel Eiche, der abends in weicheres Licht getaucht wird. Richtig schön draußen sitzen kann man auch, am schmalen Platzerl neben der barocken St.-Ulrich-Kirche. Der Schanigarten hat schon Preise eingeheimst. Und das Essen? Das passt auch! Hier wirst du bestimmt fündig, ob du nun Süßes oder lieber Herzhaftes magst. Suppen und Salate, die herrlich knusprigen und üppig belegten Ulrich Flats (Flammkuchen), die raffinierten, sehr international daherkommenden Tapas

Egal, ob du zum Frühstück, zum Mittag- oder Abendessen kommst – das Ulrich ist immer eine gute Wahl.

zum Teilen oder auch Lammstelze, Zanderfilet & Co. schmecken allesamt lecker, Steak Frites und Burger sind für Fleischliebhaber genau richtig, zum Wein passt auch eine vorzügliche Käseauswahl und Schleckermäuler werden mit Pumpkin Pie, Birnen-Zwetschgen-Schokocrumble oder Schokoladensouflé glücklich. Auch das Frühstück – ganz entspannt bis 15 Uhr am Wochenende – wird viel gelobt. **Mein Favorit: Smashed Avocado.**

Sankt-Ulrichs-Platz 1 | U-Bahn: Volkstheater | www.ulrichwien.at | @ulricherichwien

45. ERICH.

Wo ein Ulrich ist, kann ein Erich nicht weit entfernt sein. Und tatsächlich, dieser Erich ist ein Ableger vom Ulrich und nur ein

paar Meter vom Stammhaus in der benachbarten Neustiftgasse zu Hause. Das Konzept ist dann auch ähnlich, der Schanigarten ist ebenfalls klasse, die Gerichte haben aber ganz klar einen mexikanischen Touch. So gibt es schon zum Frühstück – bis 16 Uhr – Huevos Rancheros oder Breakfast

Bei ERICH bist du von früh bis spät gut aufgehoben.

Tacos, auch später kommen Tacos auf den Teller. Alternativ kannst du dich auf die Bowls und die tollen Grilled Sandwiches stürzen, vieles davon ist auch oder ausschließlich vegan zu bekommen. **Ich esse am liebsten den prallen „In the Club"-Sandwich mit Bio-Sauerteigbrot, Gruyère, Mozzarella, Tomate, Hühnerfilet, Crispy Bacon, Romanasalat, Roten Zwiebeln, Avocadomash und Limettenmayo.** Dazu noch ein erfrischender Eistee Apfel-Minze … perfekt!

Neustiftgasse 27 | U-Bahn: Volkstheater| www.erichwien.at | @ulricherichwien

46. WIRR

Beisl meets Szenekneipe. Du fragst dich, woher der Name des kleinen Lokals kommt? Vielleicht, weil die Möbel und auch die Wandgestaltung scheinbar ziemlich wirr zusammengestellt wurden? Vor allem sehr cosy ist die/das/der „BarRestaurantClub", ganz besonders, wenn man eines der Sitzpolster an der Fensterfront ergattert hat. Und so fügt sich irgendwie dann doch alles zum sehr gelungenen und stylishen Gesamtkonzept, zu dem auch die Speisekarte passt. Partypeople können bis 16 Uhr mit einem Frühstück in den Tag starten, am Wochenende auch mit einem üppigen Brunch, der für zwei Personen faire 26 Euro kostet. Feurig wird's mit dem „Devil's Breakfast", exotisch mit dem „Orient", aber was wäre das WIRR, wenn es daneben nicht auch ein ganz klassisches „Wiener Frühstück" gäbe? Auch abends bleibt man sich

treu und bietet bunt Gemischtes mit Sandwiches und Suppen, Rolls, Croque Monsieur und Samosas, Burger und Currys. Derart gestärkt ziehst du dann weiter in den Clubbereich im UG, in dem DJs feinste Beats auflegen. Viele vegane Angebote und lauschige Plätze im Freien runden das Ganze ab.

Burggasse 70 | U-Bahn: Volkstheater, Tram: Westbahnstraße/Neubaugasse | www.wirr.at

47. DIE BURGERMACHER

Der Name ist Programm! In dem minimalistisch-stylischen Ambiente kommt vor allem eins auf den Teller: Burger in allen erdenklichen Varianten. Klassisch, mit knusprig gebratenem Speck, im Mexican Style oder auch richtig ausgefallen mit Brioche Bun und Café de Paris Patty, mit Trüffel Aioli und Kürbis-Thymian-Creme oder mit Patty vom Donaulamm. Auch wechselnde Veggie-Burger sind stets im Programm. Mit Upgrades wie Blauschimmelkäse, Halloumi Patty, Zwiebelconfit und vielem mehr kannst du deine Burger nach Belieben pimpen. Für ihre Zutaten legen die Burgermacher guten Gewissens ihre Hand auf den Grill. Das Fleisch stammt von ausgewählten Lieferanten (auch bio ist möglich) und wird selbst durch den Fleischwolf gedreht, die Fritten sind handgeschnitten, das Ketchup ist nach eigenem Rezept angerührt und die Buns stammen vom Biobäcker. Yummy!

Burggasse 12 | U-Bahn: Volkstheater | www.dieburgermacher.at | @dieburgermacher

Café Telegraph

48. CAFÉ TELEGRAPH

SOS muss man hier sicher nicht funken. Denn das im Retrostil eingerichtete Café in einem ehemaligen Postamt versorgt seine Gäste mit leckerem Essen und Kaffee aus der stylishen Espressomaschine. Du sitzt sehr gemütlich entweder drinnen in einer lockeren und gechillten Atmo oder im Sommer auch draußen. Das Multi-Kitchen-Frühstücksangebot ist echt originell. Da gibt es mexikanische Huevos Rancheros, ein nach Wunsch auch vegan zubereitetes Lebanon Frühstück, süße osteuropäische Syrniki (Pfannkuchen) oder nordafrikanisches Shakshuka. **Überhaupt kommen Fans von Eierspeisen voll auf ihre Kosten. Mein Lieblingsgericht sind beispielsweise die Eggs Florentine.** Wenn du aber auf Avocados als Energie spendendes Superfood schwörst, kannst du gleich aus fünf Avocado-Gerichten wählen. Nahe der Universität, was wohl erklärt, dass es oft recht voll ist.

Garnisongasse 7 | U-Bahn: Schottentor | www.cafetelegraph.eatbu.com | @cafetelegraphwien

49. ALL REIS BANGKOK STREET FOOD

Probier' es selbst aus: Schließ die Augen und nimm einen Happen – und fast wirst du dich wie auf einem Nachtmarkt in Bangkok oder anderswo in Thailand fühlen. Die Macher des schlicht, aber hübsch und stimmig eingerichteten Winzlokales bereiten in ihrer offenen Küche zu 100 Prozent authentisches Thai Food zu. Dabei landen auch mal Betelblätter, geröstete Kokosnüsse, fermentierte Krabben, gestockte Schweineblut und Sato-Bohnen im Topf oder Wok. Das Pad Thai und die ganzen anderen Klassiker sind heiß begehrt, weshalb du besser reservieren solltest. Und eins noch: Wenn ein Gericht hier als „scharf" bezeichnet wird, dann ist's das auch. Faire Preise.

Schweglerstraße 12 | U-Bahn: Schweglerstraße | www.allreis.com | @allreis.bkkstreetfood

50. KNÖDEL MANUFAKTUR WIEN

Du kennst Knödel nur als Beilage? Dann solltest du unbedingt mal zur Knödel Manufaktur Wien. Du wirst staunen, was man mit den Klassikern der österreichischen Küche alles anstellen kann. Es gibt über 20 Varianten, rund die Hälfte ist pikant, der Rest ist süß. Gefüllt sind sie z. B. mit Spinat und Schafskäse, Bolo, Selchfleisch oder veganem Chimichurri oder aber mit Nougat, Kirsch-Zartbitterschokolade, Himbeer-Mascarpone oder Mohn, gehüllt sind sie mit passenden Bröseln und getunkt werden sie in eine Soße nach Wahl. Das Ganze kannst du dann vor Ort verspeisen – der Platz ist in dem Miniladen allerdings sehr rar – oder als Take-away bestellen. Doch warte nicht zu lange mit dem Essen, warm schmecken sie einfach am besten. Tipp: Gleich ums Eck ist ein kleiner Park mit Bänken.

Josefstädter Straße 89 | U-Bahn: Josefstädter Straße | www.willstdumitmirknoedeln.at | @knoedelmanufaktur

Richtig schöne alte Möbel kombiniert mit coolen Marmortischen machen diesen gemütlichen Italiener perfekt für Insta-Stories und ein tolles Abendessen.

51. CRÈME DE LA CRÈME

Hier ist der Name Programm, denn nicht nur die liebevoll eingerichtete Patisserie ist einfach Crème de la Crème, auch ihr süßes Angebot ist erste Sahne! Schmeckermäuler werden sich hier deshalb wie im Siebten Himmel fühlen und auch für mich zählt sie **zu den Adressen, die ich bei keinem Wien-Besuch auslasse.** Kuchen, Torten, Macarons, Cake Pops, Tartes, Eclairs … ich weiß gar nicht wo ich anfangen soll, sooo lecker ist hier alles. Jedes Mal koste ich etwas anderes. Und je mehr ich probiert habe, desto weniger kann ich mich entscheiden, was ich am liebsten esse! Dabei sehen die Leckereien so zauberhaft aus, dass es einem schon fast leid tut, mit der Kuchengabel den ersten Bissen zu nehmen. Also vorher unbedingt ein Foto machen! Fazit: ein mit viel Liebe zum Detail zubereiteter Gaumen- und Augenschmaus. Frühstück gibt's auch; relativ klein, deswegen unbedingt reservieren!

Lange Gasse 76 | Tram: Lange Gass | www.cremedelacreme.at | @cremedelacremevienna

52. HILDEBRANDT CAFÉ

So ein Café wünscht man sich in der eigenen Hood! Um jeden Tag mit so einem tollen Frühstück beginnen lassen zu können. Das ist in vielen Fällen vegetarisch oder sogar vegan und trägt so kuriose Namen wie „Elvis lebt" (Madame Crousto, Erdnussbutter, Banane, Haselnüsse, Waldbeeren-Jelly), „Auf der Alm, da gibt's koa

BUCKET LIST
Crème de la Crème

Hier ist Platz für dein Traumtörtchen.

krypt.

Sünd" (Madame Crousto, Ziegenkäse, Birne, getrocknete Feigen, Honig, Walnusskerne) oder – mein Favorit – „I love avo" (Mashed Avocado, Rucola, Paradeiser und Amaranth Pops). **Und wie es sich für einen Hipster-Café-Hotspot gehört, ist alles auch richtig instagrammable in Szene gesetzt.** Wie überhaupt das ganze Café: Innen sitzt man vor unverputzten Wänden auf minimalistischen Retrostühlen, die auf Orientteppichen platziert sind, außerdem kann man sich ein Plätzchen im zauberhaften Wintergarten oder draußen im ruhigen Garten suchen. Und vielleicht die Lattes mit Matcha, Roten Rüben, Kurkuma oder Kardamom probieren …

Laudongasse 15–19 | Tram: Laudongasse | www.hildebrandt.cafe | @hildebrandt_cafe

53. KRYPT.

Ab in den Untergrund! Ein Geheimtipp ist das krypt. wohl nicht mehr, dabei hätte der versteckte In-Place 8 Meter unter der Erde die besten Voraussetzungen dafür. Die Optik mit unverputztem Backsteingewölbe, großen Lüftungsrohren und Fischgrät-Boden, cosy Sesseln und schummriger Beleuchtung kann sich sehen lassen. Gleiches gilt für die Cocktails und Drinks, die von den Jungs und Mädels hinter dem langen Tresen meisterhaft gemixt und von den Jungs und Mädels vor dem langen Tresen begeistert konsumiert werden. Coole Vibes, coole Bar, man sieht sich!

Wasagasse 17 | Tram: Schwarzspanierstraße | www.krypt.bar

54. JONAS REINDL COFFEE ROASTERS

Das ist eines dieser Cafés, in das man auch mal alleine kommen, sein Laptop aufklappen, sich ins WLAN for free einloggen und den neuesten Blog-Beitrag schreiben kann. Dazu lässt man sich den gigantischen Kaffee schmecken, den der leidenschaftliche Barista zubereitet hat. Die Bohnen röstet die Rösterei noch selbst. Für den kleinen Hunger zwischendurch gibt's leckere Kuchen oder auch ein veganes Bananenbrot. Eine zweite Filiale befindet sich direkt am Schottentor, dem das Café auch seinen Namen verdankt. Im Volksmund heißt der Platz wegen der dortigen Straßenbahnschleife – nach dem ehemaligen Bürgermeister Franz Jonas und einem Reindl (Kochtopf) – eben Jonas Reindl.

Westbahnstrasse 13 | Tram: Westbahnstraße/ Zieglergasse | www.jonasreindl.at | @jonasreindlcoffeeroasters

SHOPPING

55. BURGGASSE 24

Second Hand Shopping vom Feinsten! Ob du Sixties- und Seventies-Klassiker suchst oder vielleicht auch ein seltenes Designerteil – in dem Laden könntest du Glück haben. Die meisten Klamotten sind recht hip, manchmal auch schrill – für m/w/d. Das alles weiß auch die Wiener Szene-Klientel, die gern hier nach neuen alten Outfits stöbert.

Und da das auch ganz schön hungrig und durstig machen kann, gibt es gleich nebenan noch ein angeschlossenes Café, das wie bei Omi zuhause ausschaut, mit Retroeinrichtung und einem Kamin, der das Ganze im Winter mega gemütlich macht. Kleine, aber feine Karte. (Noch) ein Geheimtipp.

Burggasse 24/8 | U-Bahn: Volksgassem

LOW
$
BUDGET

Coole Vintage-Teile, ein süßes Café und obendrein alles nachhaltig... mehr geht nicht!

In Neubau- und Siebensterngasse wird wohl jeder fündig, egal ob bei den üblichen Verdächtigen oder in ausgefallenen Boutiquen.

der Brillen.manufaktur (Neubaugasse 18) oder eine hippe Kopfbedeckung von der Mühlbauer Hutmanufaktur (Neubaugasse 34). Shu! (Neubaugasse 34) hat alles andere als alltägliche Schuhe, der superedle, ganz in weiß gehaltene Concept Store PARK (Mondscheingasse 20) macht Design-Freaks glücklich und Kitsch Bitch (Neubaugasse 46) Fans von mit Sprüchen bedruckten Shirts und Taschen. Bringt Zeit mit, ihr werdet sie brauchen ...

U-Bahn: Neubaugasse

56. NEUBAUGASSE & UMGEBUNG

Shop 'till you drop! In der Neubaugasse und den benachbarten Straßen und Sträßchen gibt es mehr Läden als ihr zählen könnt. Natürlich sind die üblichen Verdächtigen vertreten, aber auch angesagte und doch eher unbekannte Designerlabels haben hier ihre Boutiquen. Ihr habt also gute Chancen, ein Teil zu finden, mit dem ihr garantiert auffallt: Schickes aus fair gehandelten Biostoffen von ebenBERG (Neubaugasse 4), Mode von internationalen Labels bei NFive (Neubaugasse 5), coole Taschen und Accessoires von Vivibag (Richtergasse 8), echte Designerbrillen von

TIPP
Echte Unikate gibt es bei We Bandits (Theobaldgasse 14). Sophie Pollak reist regelmäßig um den Globus auf der Suche nach Einzelstücken von namhaften Designern, mit Vorliebe aus Skandinavien und Korea.

We Bandits (rechts
Sophie Pollak)

WIEN
Mariahilf & Wieden

Wer hierher kommt, will wahrscheinlich shoppen gehen. Einmal mitten durch den 6. Bezirk verläuft Wiens längste Einkaufsstraße. Südlich davon liegt der Bauch der Stadt: Über den Naschmarkt solltest du unbedingt mal geschlendert sein. Hier kannst du dir ein leckeres Lunch-Paket zusammenstellen, bevor du zum Ausflug nach Schloss Schönbrunn aufbrichst – der Schlosspark ist einfach fantastisch. Mehr Schlösser und Parks? Hier absolut kein Problem!

ERLEBNIS HIGHLIGHTS

MARIAHILF & WIEDEN

> **BAROCKER FARBENRAUSCH IN DER KARLSKIRCHE**

> **KAISERLICHE GEMÄCHER IN SCHÖNBRUNN**

> **DER „KUSS" IM SCHLOSS BELVEDERE**

> **WIENS KREATIVES HERZ IM FREIHAUSVIERTEL**

> ....

> ....

> ....

Schlösser, Villen, Parks und viel urbanes Leben

Mariahilf & Wieden

SEHENSWERTES

- 57 KARLSPLATZ & KARLSKIRCHE
- 58 NASCHMARKT
- 59 GLORIETTE & SCHLOSS SCHÖNBRUNN
- 60 VOLLPENSION & BACK-AKADEMIE
- 61 SCHLOSS BELVEDERE

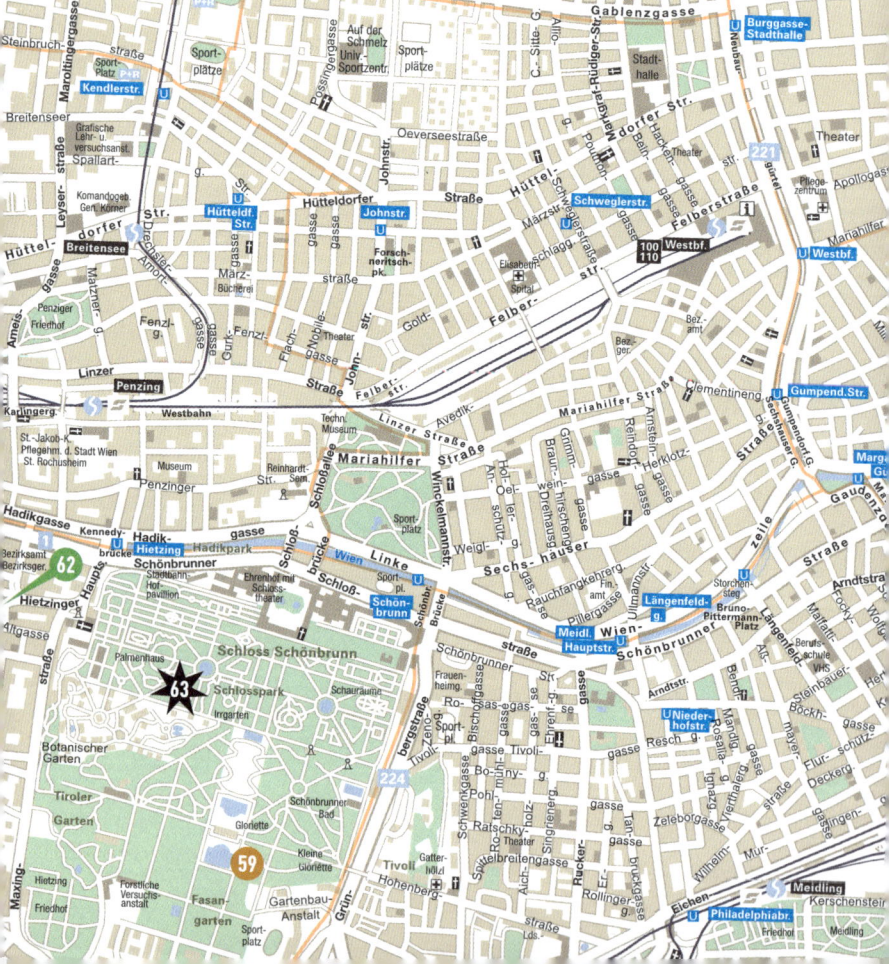

PARKS

- **62** LAINZER TIERGARTEN
- **✦** SCHÖNBRUNNER SCHLOSSPARK
- **64** FRIEDHOF ST. MARX

ESSEN & TRINKEN

- **65** CAFÉ JELINEK
- **66** MOTTO
- **67** MAMA LIU & SON'S
- **✦** DIE R & BAR
- **69** SHANGHAITAN
- **70** CAFÉ PROPELLER
- **71** WIKI WIKI POKE
- **72** FIGAR
- **73** MIRANDA BAR
- **74** CAVALLO
- **75** BAO BAR 1070

SHOPPING

- **76** MARIAHILFERSTRASSE
- **77** FREIHAUSVIERTEL & SCHLEIFMÜHLENGASSE

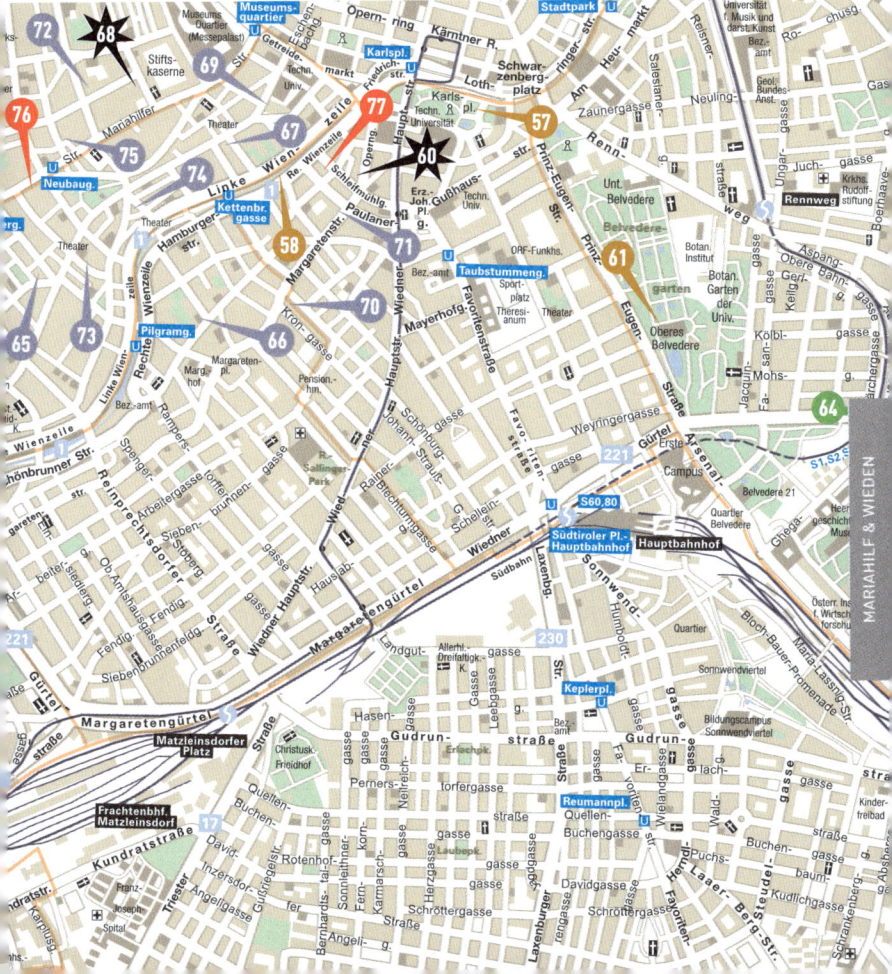

FOTO TIPP FOTO TIPP FOTO TIPP FOTO TIPP FOTO

Bei sonnigem Wetter spiegelt sich die Karlskirche spektakulär in der Wasseroberfläche. Um alles auf ein Bild zu bekommen, Weitwinkelobjektiv einpacken oder eine Panoramaaufnahme mit dem Handy machen.

SEHENSWERTES

57. KARLSPLATZ & KARLSKIRCHE

Was für ein Platz. Eine Perspektive gefällt mir immer besonders gut: Im Vordergrund ragt die ultramoderne Plastik von Henry Moore aus dem Wasserbecken, den Hintergrund bildet die durch und durch barocke Karlskirche mit der markanten grünen Kuppel, nach dem Stephansdom die wohl berühmteste Kirche Wiens. Das sind mal Kontraste! Die Kirche lohnt auf jeden Fall einen Besuch, nicht nur für Kunstfreaks. Im Innern weiß man gar nicht, wo man hinschauen soll, Statuen, viel Marmor und Gold und die leuchtenden Farben der Fresken rauben euch garantiert den Atem. Ein besonderes Erlebnis ist die Fahrt mit dem Panormalift zur Kuppel hoch, wo ihr die Deckenfresken aus nächs-ter Nähe bestaunen könnt. Das erinnert ein bisschen an den Petersdom in Rom, wie auch die beiden großen Triumphsäulen, die die Fassade einrahmen. Aber auch sonst mag ich den Karlsplatz, hier ist immer was los, oft steigen auch Events wie im Sommer das Pop-Fest oder im Winter der Christkindlmarkt, coole Freiluftcafés locken und es gibt sogar ein tolles Urban-Gardening-Projekt mitten auf einer Verkehrsinsel, das eigenen Honig produziert. Schaut euch auch die beiden mit viel Marmor und Blattgold verzierten Jugendstil-Pavillons an, die Ende des 19. Jahrhunderts für die Stadtbahn (!) gebaut wurden. In einem davon ist heute ein legendärer Club zu Hause.

U-Bahn: Karlsplatz/Oper

58. NASCHMARKT

Ein Paradies für alle, die Essen lieben. Der bekannteste Freiluftmarkt sollte bei keinem Wien-Besuch ausgelassen werden. Ihr könnt einfach durch die Gassen zwischen Linker und Rechter Wienzeile schlendern und euch von den vielen Düften und Aromen betören lassen. Es türmen sich Obst und Gemüse in allen Farben und Sorten, kein exotisches Gewürz, das es hier nicht gibt, Fisch- und Fleischhändler preisen lautstark ihre Waren an … und dazwischen immer wieder Würstelbuden, Palatschinkenkuchln und Falafel-Stände. Auf dem Naschmarkt herrscht Multikulti! Kommt unbedingt hungrig her, schließlich gibt es hier nicht nur rund 170 Marktstände, sondern auch viele Cafés und Restaurants (die allerdings sonntags geschlossen bleiben). Und am Samstag einen Flohmarkt am unteren Ende (Richtung Kettenbrückengasse), auf dem jede Menge Trödel verhökert wird.

U-Bahn: Karlsplatz/Oper

TIPP
Der Orient beginnt direkt hier! Das Neni bietet orientalische Weltküche mit modernem Touch. Supererfrischend an heißen Tagen ist die Limona. Tolles israelisches Frühstück und viele weitere Köstlichkeiten.

LOW $ BUDGET

MARIAHILF & WIEDEN

Hat was von Triumphbogen –
die Gloriette

59. GLORIETTE & SCHLOSS SCHÖNBRUNN

Das muss einfach sein! Selbst wenn ihr nicht die prachtvollen Innenräume von Schloss Schönbrunn anschauen wollt, solltet ihr unbedingt einmal in die U4 Richtung Hütteldorf ein- und in Schönbrunn wieder aussteigen und dem bunten Völkchen mit Touris aus aller Welt zur pompösen Habsburger-Residenz folgen. Schon der Park (siehe S. 100) ist ein Hochgenuss. Am gigantischen Neptunbrunnen mitten

im Park vorbei führt ein recht steiler Weg hinauf zur Gloriette. Die Aussicht hier über den Park, das ockerfarbene Schloss und die Dächer der Stadt im Hintergrund ist zwar zu schön, als dass man sie für sich allein haben könnte, versäumen sollte man sie trotzdem nicht. Und eine Stärkung gibt's auch – stilecht mit Melange und Mehlspeise im Café Gloriette. Wer dann doch noch ins Schloss möchte, immerhin ist's ja

Der älteste Zoo der Welt ist gleich nebenan: Im Tierpark Schönbrunn bekommt ihr Pandas, Flamingos & Co. vor die Linse.

FOTO TIPP FOTO TIPP FOTO TIPP FOTO

MARIAHILF & WIEDEN

UNESCO-Welterbe, kann zwischen unterschiedlich langen Touren wählen und mit Audioguide bewaffnet hautnah erleben, wie die Royals im 18. und 19. Jahrhundert gewohnt und gegessen, regiert und gefeiert haben. Echt schräg ist zum Beispiel der „Fitnessraum", in dem die vom Schlankheitswahn besessene Kaiserin Elisabeth aka Sisi an ihrer Figur gearbeitet hat. Und im prächtigen Spiegelsaal hat

1762 der damals gerade sechsjährige „Wolferl" Amadeus Mozart der Kaiserin Maria Theresia auf dem Klavier ein Ständchen vorgespielt. Leider herrscht hier aber oft ganz schön Gedränge. Mit jährlich fast zwei Millionen Besuchern gehört das Schloss schließlich zu den Topattraktionen und den Wahrzeichen Wiens.

Schönbrunner Schlossstraße 47 | U-Bahn: Karlsplatz/Oper

Die engagierten Omis und Opis möchte man glatt knuddeln ... Nicht nur wegen ihrer super leckeren Torten und Gerichte!

60. VOLLPENSION & BACKAKADEMIE

Eines wussten wir doch schon immer: Bei Oma schmeckt's am besten. Dieses simple und zeitlose Gesetz gilt auch in der Vollpension. Das herrlich schrullige und total liebenswerte Generationencafé in der Schleifmühlgasse wirkt wie eine Kreuzung aus Großmuttis guter Stube und dem Office eines hippen Start-ups: Vintage-Polstersofas und -Ohrensessel und mit Quasten behangene Lampen stehen an den mit Familienfotos gepflasterten Backsteinwänden, an der Decke verlaufen silbern glänzende Lüftungsrohre. Betrieben wird die Vollpension von 15 Omas und Opas und ihren Familien, rund 200 Torten und Kuchen gehören zu ihrem Repertoire, aber auch Pumpernickel mit Avocado und Feta zum Frühstück oder veganes Tofu-Gulasch zum Lunch. Ein „echtes" Gulasch mit Knödeln gibt es dann aber auch. Neuerdings betreibt das Café eine Online-Backakademie, in der du zum Beispiel lernen kannst, wie die perfekte Sachertorte gebacken wird.

Eine zweite Filiale befindet sich übrigens in der Johannesgasse in der Inneren Stadt.

Schleifmühlgasse 16 | U-Bahn: Kettenbrückengasse | www.vollpension.wien

BUCKET LIST
Vollpension

Neues gelernt bei Omi? Dann schreib eines der neuen Rezepte oder
ein sehr altes Familienrezept von dir hier auf. Mmmh...

`Zutaten`

_____

_____

_____

_____

_____

_____

_____

_____

Die barocke Gartenanlage hat so viele tolle Spots zum Fotografieren! Im Sommer blüht alles, während sich im Hintergrund die Großstadtsilhouette abzeichnet und dazwischen das Untere Belvedere den Kontrast perfekt macht.

61. SCHLOSS BELVEDERE

Neben der Hofburg und Schloss Schönbrunn ist das Schloss Belvedere die dritte große und vielleicht auch die schönste Palastanlage in Wien. Es hat aber nicht den Habsburgern gehört, sondern Prinz Eugen, der als Feldherr Anfang des 18. Jahrhunderts Wien vor dem Ansturm der Osmanen bewahrt hat. Die Adligen Wiens haben sehr neidisch auf diese prachtvolle Anlage geblickt, die gleich aus zwei Schlössern besteht: Das Obere Belvedere diente zur Repräsentation, hier ließ Eugen seine Besucher an seiner Macht und an seinem Reichtum teilhaben. Heute ist in den Räumen eines der schönsten Kunstmuseen Wiens untergebracht.

Weltberühmt sind die goldenen, erotisch aufgeladenen Meisterwerke von Gustav Klimt – schaut Euch unbedingt den „Kuss" an –, aber auch Gemälde von Monet, Renoir und van Gogh können hier bewundert werden. Großartig ist auch der traumhafte Blick von der Terrasse, aufs Stadtzentrum und den Steffl in der Ferne und das ebenfalls sehenswerte Untere Belvedere davor. Das erreicht ihr nach einem hübschen Spaziergang durch den Schlossgarten – früher diente es Prinz Eugen als Wohnschloss.

Prinz Eugen-Straße 27 | Tram: Schloss Belvedere

PARKS

62. LAINZER TIERGARTEN

Nein, der Lainzer Tiergarten ist kein Zoo, sondern ein Naturschutzgebiet. Und was für ein riesiges. Wie so vieles in Wien hatten auch hier die Habsburger ihre Finger im Spiel. Einer von ihnen, Ferdinand I., kaufte das Areal und ließ es als kaiserliches Jagdrevier 1561 mit einem Holzzaun einfassen. Das einfache Volk musste draußen bleiben.

Das änderte sich erst mit dem Untergang der Monarchie 1918, das Jagd- wurde Naherholungsgebiet. Die Wildtiere – Rehe, Hirsche und Wildschweine – blieben und streunen heute immer noch durchs Unterholz. Ein Ausflug hierher bietet eine super Abwechslung zum Großstadt-leben, man kann lange Spaziergänge oder Wanderungen unternehmen. Ihr könntet zum Beispiel am Lainzer Tor starten und von hier zur Hermesvilla laufen, die Kaiser Franz Joseph für seine vom Fernweh geplagte Frau Gemahlin Sisi bauen ließ, um diese mal länger in seiner Nähe halten zu können. Weiter geht's zum Boxenstopp am Rasthaus Rohrhaus mit seinem schönen und großen Biergarten, zum Wiener Blick, wo euch ganz Wien zu Füßen liegt, und schließlich zum Nikolaitor mit U-Bahn-Station. Der ausgeschilderte Weg ist rund 7,5 km lang und eher nichts für Lauffaule – dafür gibt's viel frische Luft und Natur mitten in Wien!

Prinz Eugen-Straße 27 | Tram: Schloss Belvedere

Lasst die Hermesvilla nicht links liegen! Sie ist eine beliebte Insta-Location besonders an sonnigen Tagen, wenn die weiße Götterstatue im Garten vor dem rosa Schlösschen noch heller strahlt.

MARIAHILF & WIEDEN

FOTO TIPP FOTO TIPP FOTO TIPP FOTO

Hier lassen sich märchenhaft schöne Bilder schießen!

63. SCHÖNBRUNNER SCHLOSSPARK

Der „Garten", den sich die Habsburger für ihre Sommerresidenz, das Schloss Schönbrunn (siehe S. 92) haben bauen lassen, ist so groß, dass ihr trotz des tagtäglichen Besucheransturms sicher ein ruhiges Fleckchen finden werdet. Schon deswegen ist er bei einem Ausflug zum Schloss immer einen Abstecher wert. Und zwar zu jeder Jahreszeit: Im Frühjahr blüht und grünt alles in den buntesten Farben, im Sommer bieten die schattenspendenden Alleen und vielen Brunnenanlagen herrlich kühle Plätze für ein kleines Picknick, im Herbst leuchtet alles in den kräftigen Gelb- und Rottönen des Herbstlaubes und selbst das Grau des im Winterschlaf dösenden Parks entfaltet einen gewissen Zauber. Ihr könnt euch ziellos durch die Gartenanlage treiben lassen oder auch ganz zielgerichtet die eine oder andere Attraktion ansteuern. Toll ist zum Beispiel der intensiv duftende Rosengarten. Und die römische Ruine, die allerdings ganz im Zeitgeist des 18. Jahrhunderts nur ein Fake ist. Oder der Irrgarten in dem man sich nicht verlieren sollte. So ein Spaziergang kann gut und gern ein, zwei Stündchen dauern, weshalb es zum Glück ebenfalls im Schlosspark ein Café gibt: Landtmann's Jausenstation liegt sehr idyllisch mittendrin, nur einen Kieselsteinwurf vom Neptunbrunnen entfernt. Und wie der Name schon verrät, bekommt man hier leckere Jausen: von einer deftigen Brotzeitplatte bis hin zum Kaiserschmarrn – wie passend!

Schönbrunner Schlossstraße 47 | U-Bahn: Karlsplatz/Oper

BUCKET LIST
Schlosspark

Ommm... Kurze Verschnauf
pause nach all dem Rummel!
Schreibe, male, ...

64. FRIEDHOF ST. MARX

„Der Tod, das muss ein Wiener sein", sagen der Volksmund und ein alter Chanson. Ja, Lieder vom Tod gibt es in Wien jede Menge. Auch sonst haben die Wiener einen ausgeprägten Sinn fürs Morbide. Und so gibt es wohl in keiner Stadt so viele Möglichkeiten, Friedhöfe, Gruften und makabre Museen zu besichtigen wie in Österreichs Hauptstadt. Eine dieser Locations – sicher nicht die bekannteste, dafür aber eine der stimmungsvollsten – ist der Friedhof St. Marx. Denn anders als der wesentlich berühmtere Zentralfriedhof am Stadtrand (siehe Tipp) wurden auf dem ehemaligen Kommunalfriedhof seit fast 150 Jahre keine Toten mehr begraben. Und so präsentiert sich der Friedhof eher etwas verwildert, fast schon romantisch und mehr als weitläufiger Park – wären da nicht die

uralten, von Moos besetzten Grabsteine. Deren Inschriften erzählen von Schicksalen längst vergessener Menschen.

Alles andere als vergessen ist natürlich Mozart. Der große Komponist wurde 1791 auf dem St. Marxer Friedhof in einem einfachen, nicht weiter gekennzeichneten Grab bestattet. Und so rätselt die Nachwelt bis heute, wo genau seine Gebeine liegen. Zumindest in der Nähe seiner letzten Ruhestätte dürfte das Mozart-Denkmal stehen, das schon allein deswegen auffällt, weil es in blendendem Weiß erstrahlt. **Aufschlussreiche Einblicke in das recht spezielle Verhältnis der Wiener zum Tod gibt das unter der Aufbahrungshalle 2 eingerichtete Bestattungsmuseum am Zentralfriedhof.**

U-Bahn St. Marx

TIPP

Wenn die Wiener sagen, jemand habe den „71er genommen", dann hat dieser wohl das Zeitliche gesegnet. Denn die Tramlinie 71 führt direkt zum Zentralfriedhof. Rund um die Friedhofskirche gibt's hier prunkvolle Ehrengräber von Wiens Who's Who zu bewundern. Unbedingt den Audioguide nehmen – jede Menge Anekdoten!

ESSEN & TRINKEN

65. CAFÉ JELINEK

Nein, ein piekfeines Kaffeehaus mit imperialem Flair dürft ihr hier nicht erwarten. Ganz im Gegenteil, im Café Jelinek begebt ihr euch auf eine Zeitreise ins Wien der einfachen Leut' und Intellektuellen. Das Kaffeehaus, eine Oase der Ruhe in einer kleinen Seitengasse der Mariahilfer Straße, ist mit viel Würde gealtert: Knarzende Stühle, ein gusseiserner Holzofen neben der Theke, vom Zigarettenrauch früherer Jahre vergilbte Tapeten und schräge alte Fotos von ehemaligen Gästen ergeben ein zauberhaft schrulliges Gesamtbild, das gerade deshalb extrem fotogen ist. Dabei darf man das Jelinek aber sicher nicht

mit einem Museum verwechseln. Das wundervolle bunte Publikum – Touris sind hier noch nicht in der Mehrheit – lässt sich den köstlichen Kaffee genauso schmecken wie die sagenhaften Kuchen oder auch das Butterbrot mit Schnittlauch. Auch als Frühstücksdestination eignet sich das Café, wobei man selbst um 16 Uhr nicht schief angeschaut wird, wenn man ein Frühstück bestellt. Des is leiwand!

Otto-Bauer-Gasse 5 | U-Bahn: Zieglergasse | www.cafejelinek.steman.at

66. MOTTO

Unter dem Hashtag #itsdinnertime somewhere hat sich das Motto dem Motto „Auch der späte Vogel will sein Steak" verpflichtet. Folglich bekommen hungrige Mäuler hier auch noch

FOTO TIPP FOTO TIPP FOTO TIPP FOTO TIPP

Im Motto esse ich am liebsten das pochierte Ei auf getoastetem Brot mit Avocado und Cottage-Cheese zum Frühstück, dazu Kaffee oder eine Basilikum-Limetten-Limonade.

TIPP
Das Motto hat einen Ableger: Im Motto am Fluss am Franz-Josefs-Kai sitzt ihr direkt am Donaukanal wie auf dem Deck eines Luxusliners. Klasse Frühstück!

Mama Liu & Son's

zu späterer Stunde was zum Kauen – und zwar bis 24 Uhr, was in Wien eher eine Ausnahme ist. So ist das Motto für alle, die ein Dinner mit dem einen oder anderen Drink verbinden wollen, ein feste Anlaufstelle im 5. Bezirk. Denn passend zum hippen Interieur kommen viel gelobte Cocktails ins Glas. **Und am Wochenende wird ab 11 Uhr ein toller Brunch aufgefahren. Im Sommer lockt der schöne Schanigarten.**

Schönbrunner Straße 30, Eingang Rüdigerstraße | U-Bahn: Pilgramgasse | www.motto.wien | @mottowien

67. MAMA LIU & SON'S

So viel vorweg: Plastikstühle und Winke-Katzen sucht ihr hier vergeblich. Viel eher hat Mama Liu mit ihren Söhnen einen echten Hingucker geschaffen, der als erster „Hipster-Chinese"

der Stadt gefeiert wurde. Das hippe Ambiente mit offener Küche passt also schon einmal. Und nun die gute Nachricht: Das Essen auch! Richtig lecker sind die Hot Pots, die chinesische Variante des Fondues. Auf den Tisch kommt eine dampfend heiße Suppe, gewählt wird zwischen vier Varianten (Tomatensuppe mit Koriander, Rinderbrühe, Curry-Kokos-Suppe und scharfe Ma-La-Suppe). Dazu gibt's superappetitlich angerichtete, mundgerechte Häppchen, entweder vegan, mit Meeresfrüchten oder mit Fleisch. Zweite Spezialität sind die Dim Sums, kleine, kunstvoll geformte Teigtaschen, die mit allerlei schmackhaften Dingen gefüllt sind. Außerdem könnt ihr zwischen vielen kleinen „chinesischen Tapas" wählen. Alles ist an den europäischen Gaumen angepasst, also nicht zu scharf. Im Sommer gibt's ein

Die R & Bar

paar Plätze im Freien an der ruhigen Gumpendorfer Straße.

Gumpendorfer Straße 29 | U-Bahn: Kettenbrückengasse | www.mamaliuandsons.at | @mamaliuandsons

68. DIE R & BAR

Ganz schön tricky, der Name, der da über dem Eingang in verschnörkelter Schrift leuchtet. Wie spricht man den nun aus? Ganz einfach: Rundbar. Der Rest des Schriftzugs ist dann aber eindeutig: „Wine & dine & love & cry & dream" heißt es da – und all das kann man in der kleinen, aber feinen Restaurantbar. Innen dominieren die 50er-Jahre, zumindest optisch. Dafür sorgen vor allem die Mahagoni-Bar und die rechteckigen Buntglasscheiben an der Trennwand zur Küche, aber auch die Vintage-Sessel und -Tische. Sehr gemütlich ist's allemal.

Zum Essen gibt's vor allem kalte und warme Tapas, mit Fleisch oder auch vegan – perfekt zum Teilen. Für den größeren Hunger empfiehlt sich der Burger mit 200 g Bio-Patty. Dann stimmt auch die Grundlage für die leckeren Cocktails und Long Drinks. Eine wirklich runde Sache!

Lindengasse 1 | U-Bahn: Neubaugasse | www.dasrund.com/rundbar | @das_rund

69. SHANGHAITAN

Hier lässt man sich doch gerne shanghaien! Nur einen Steinwurf von Mama Liu (S. 105) entfernt wird euer Gaumen auch im ShanghaiTan mit feinstem Asia-Food umschmeichelt. Vor allem aber eignet sich das Restaurant für ein Rendezvous. Zig Lampions, die alles andere als kitschig sind, zaubern ein warmes

FOTO TIPP FOTO TIPP

BUCKET LIST
Die R & Bar

Nice Location.
Nices Bild.

und fernöstlich-exotisches Flair in die Räumlichkeiten. Wer mit seinem oder seiner Liebsten ein paar ungestörte romantische Stunden verbringen will, reserviert sich am besten eines der Separees im UG. Selbst draußen an der Gumpendorfer Straße sitzt man sehr lauschig. Gekonnt ist auch das, was die Jungs und Mädels in der Küche zubereiten. Immer wieder gerühmt wird das Sushi mit allem Drum und Dran – sehr lecker und sehr frisch. Wer nichts mit rohem Fisch anfangen kann, hält sich an die bunte Auswahl von Dim Sums und Sate-Spießen. Und auch Veganer müssen nicht in die Röhre schauen. Exzellente Cocktails runden das Ganze ab.

Gumpendorfer Straße 9 | U-Bahn: Kettenbrückengasse | www.shanghaitan.at

70. CAFÉ PROPELLER

Wer hier sponti vorbeischaut, könnte Pech haben – oder sollte etwas Geduld mitbringen. Denn in dem gemütlichen, aber eben auch nicht allzu großen Neighbourhood-Café ist vor allem zur Frühstückszeit oft jeder Tisch belegt. Besser ist's also, zu reservieren (das geht nur telefonisch, dienstags bis sonntags jeweils von 14 bis 18 Uhr). Dafür ist dann auch für jeden das Passende dabei. **Mein Lieblingsgericht: Lachstatar mit Dillmayonnaise, pochiertem Ei, Senfkaviar und Baguette.** Auch vegane Speisen sind zu haben, zum Beispiel ein Sandwich mit Tomaten, Rotkraut, Petersilie, Knoblauch, Artischocken und Austernpilzen. Sandwichs in diversen Varianten gibt's den ganzen Tag, außerdem ein paar Mittagsgerichte und leckere Pancakes. Abends kann man aber auch einfach auf einen Drink vorbeischauen. Ein Gedicht ist die Trinkschokolade der berühmten steirischen Schokoladenmanufaktur

Hier wird es schon mal voll – und das liegt nicht nur an der Größe. Der Grund: superleckeres Essen!

Du magst es bunt? Stell' dir deine Poke Bowl so zusammen, wie es dir gefällt.

Zotter, im Sommer empfehlen sich hausgemachte Limonaden und Eistees.

Krongasse 22/1 | U-Bahn: Kettenbrückengasse | www.propeller.wien | @p_r_o_p_e_l_l_e_r

71. WIKI WIKI POKE

Aloha! In diesem coolen, kleinen Restaurant herrscht hawaiianischer Spirit, von den Tischen im Surf-Board-Look bis zu den ultraleckeren Bowls. Die stehen dann auch Pate für den Namen der zwei Wiener Stores (der zweite ist in der Wipplingerstraße im 1. Bezirk): Denn mit „Poke Bowls" bezeichnen Hawaiianer ein in großen Schüsseln serviertes Gericht, bei dem eigentlich nur roher, in mundgerechte Happen geschnittener Fisch, Gemüse und Reis zusammengewürfelt werden, „wiki wiki" bedeutet „schnell". Damit wäre dann auch schon das Konzept des von zwei Exil-Berlinern betriebenen Lokals zusammengefasst. Die Gäste bestellen an der Theke die Bowl ihrer Wahl: einen der Favorites oder eine selbst zusammengestellte Auswahl aus Base, Protein (neben den Klassikern Thunfisch und Lachs gibt's unter anderem auch Chicken, Beef und Seidentofu), Mix-Ins, Flavours und Toppings. Dazu gibt's dann noch stilecht hawaiianisches Bier. E'Ai kaua – einen guten Appetit!

Margaretenstraße 26 | U-Bahn: Taubstummengasse | www.wikiwikipoke.at | @wikiwikipoke.at

MARIAHILF & WIEDEN

72. FIGAR

Über Geschmack lässt sich ja bekanntlich nicht streiten. Und so kann man das etwas verwirrende Wandtattoo im Figar – es zeigt zwei halbnackte Damen in Schwarz-Weiß mit den bunten Köpfen eines Adlers und eines Kakadus – sowohl super-cool als auch völlig daneben finden. Was den Geschmack der hier servier-ten Gerichte angeht, sind sich dann aber alle einig. Es schmeckt, ist meis-tens recht gesund und vor allem fast ausschließlich bio und regional. Für späte Vögel gibt es das Frühstück dankenswerterweise an sieben Tagen die Woche von 9 bis 16 Uhr, auf den Tisch kommen dann beispielsweise eine Acai Bowl, French Toast oder Eggs Benedict. **Mein Tipp: Testet den** „Breakfast Burger" mit Avocado, **Rucola und zwei Spiegeleiern!** Ab 16 Uhr gibt es dann kleine Tapas, frische Salate und ein paar Haupt-gerichte, unter anderem Reis-Bowls und Burger (auch mit Seitan-Patty). Superleckerer Kaffee, sehr schöner Schanigarten und ultranette Mitar-beiter – einfach eine schöne Loca-tion! Zwei Filialen befinden sich im 4. Bezirk (Schleifmühlgasse 7) und im Sommer auf der Donauinsel (Copa Cagrana).

Kirchengasse 18 | U-Bahn: Taubstummengasse | www.1070.figar.net | @figar1070

Das Figar ist eine coole Location mit süßen und herzhaften Gerichten!

73. MIRANDA BAR

Das Miranda ist ein Hingucker! An knalligen Farben haben die Macher nicht gespart, schon die Außenterrasse ist türkis lackiert. Genauso farbenfroh geht es in der Bar weiter, die im minimalistisch-stylischen Eighties-Look à la Miami daherkommt. Eine perfekte Kulisse für großartige Cocktails, die sich in knalligen Farben nahtlos ins Gesamtbild fügen und noch großartigere Fotos. Eine Grundlage für die Drinks müsst ihr aber woanders schaffen, im Miranda gibt's nur Salzgebäck, das aber frei Haus. Sehr stimmig!

Esterházygasse 12 | U-Bahn: Pilgramgasse | www.mirandabar.com | @bar_miranda

74. CAVALLO

„Klotzen, nicht kleckern", so lautete wohl das Motto beim Entwerfen der Speisekarte. Das Ergebnis ist ein stattliches Werk mit 56 Seiten! Auf diesen finden sich dann – der Name des Restaurants lässt es erahnen – viele modern interpretierte italienische Gerichte wieder. Doch neben Pizza, Pasta & Co. hat auch internationale Fusionsküche ihre Nische gefunden. Selbst für einen Cheeseburger ist man sich hier nicht zu schade. **Mir persönlich haben es dann trotzdem die Gnocchi mit schwarzen Trüffeln, Sahne und Parmesan sowie die Pasta „schwarz & weiß" mit Garnelen, Zucchini und Sahne angetan.** Ins Cavallo kommt man aber nicht nur wegen des Essens. Events mit Livemusik oder Karaoke und das stylishe Ambiente (super Foto-Location!) tun ein Übriges, damit ihr dort schöne Abende verbringen könnt.

Kaunitzgasse 3–5 | U-Bahn: Kettenbrückengasse | www.cavallo-vienna.at | @cavallovienna

75. BAO BAR 1070

Die Kaisersemmel ist eine Wiener Institution. Aber wie wär's mit Brötchen im vietnamesischen Stil? Bao Buns sind gedämpfte Hefeklößchen aus einem Weizenmehlteig, die eine herzhafte Füllung verpasst bekommen. Klassisches Street Food eben. Die Speisekarte der Bao Bar 1070 konzentriert sich aufs Wesentliche. Es gibt vier Varianten der Buns: mit Schweinebauch, Crispy Chicken, Fancy Tofu und Kimchi Chicken. Dazu kann man noch drei Sides wählen oder auch die etwas teurere Portion mit Kimchi Fries (die Fritten sind aus Süßkartoffeln und sehr lecker). Das war's dann auch schon, mehr braucht's aber auch nicht! **Die coole Einrichtung und die fotogenen Buns machen die Bao Bar zu einem beliebten Insta-Spot.** Eine weitere Filiale gibt's im 2. Bezirk am Austria Campus, Jakov-Lind-Straße 2.

Zollergasse 2 | U-Bahn: Neubaugasse | www.baobar.at | @baobarwien

MARIAHILF & WIEDEN

SHOPPING

76. MARIAHILFERSTRASSE

Alles, was das Herz von Shopping Queens und Kings begehrt. Hier finde ich eigentlich immer etwas – egal ob ich es brauche oder nicht. Die größte Einkaufsstraße in Wien führt einmal quer durch den Stadtteil Mariahilf, vom Ring bis zum Gürtel. Auf fast 2 km Länge reihen sich an der größtenteils zur Fußgängerzone umgestalteten „Mahü" Boutiquen, Shops und Flagship Stores internationaler Ketten aneinander, coole Läden warten aber auch in den Seitengassen. Zwei große Einkaufszentren, das Gerngross und das Generali Center, machen das Einkaufsglück komplett. Dabei ist zwar viel, aber nicht nur Mainstream vertreten, selbst nachhaltiges Shoppen ist möglich. So zum Beispiel bei der „Vintage Fabrik" wo ihr tolle Lieblingsstücke secondhand bekommt. Schön ist auch der Bauernmarkt vor der Mariahilfer Kirche, der viermal in der Woche (Mo., Mi., Fr. und Sa. vormittags) viel Regio-

Für die Shopping-Queens unter uns gibt's hier alles, was das Herz begehrt.

Mariahilferstraße

einen Steinwurf vom Naschmarkt entfernt, stoßt ihr hier auf jede Menge kleine Läden von Kunsthandwerkern und Designern. Besonders liebenswert macht den Bummel durch die Schleifmühlengasse und die benachbarten Straßen der Charakter des Szeneviertels, in dem abseits vom Mainstream viel Platz für Ausgefallenes ist. Auch die Kulisse aus vielen alten Häuserfassaden und das riesige kulinarische Angebot passen perfekt ins Gesamtbild. Ihr könnt euch also einfach von Lädchen zu Lädchen treiben lassen oder auch den 140 Seiten starken Guide „Einkaufserlebnis Freihausviertel" downloaden (unter www.einkaufsstrassen.at/einkaufen/einkaufsgebiete/Freihausviertel.html); der ist zwar nicht mehr ganz aktuell, viele Adressen gibt es aber immer noch. Ob ihr modesüchtig, Leseratten, Designfreaks oder Kunstliebhaber seid – fündig wird im Freihausviertel jeder!

U-Bahn: Kettenbrückengasse, Taubstummengasse

nales anbietet. Und für den nötigen Energieschub an einem langen Shopping-Tag ist es zum nächsten Café selten weit. Schlendert unbedingt auch durch die Seitengässchen links und rechts!

U-Bahn: Museumsquartier, Neubaugasse, Zieglergasse, Westbahnhof

77. FREIHAUSVIERTEL & SCHLEIFMÜHLENGASSE

Klasse statt Masse! Im Freihausviertel ist Wiens Kreativszene zu Hause. Nur

WIEN
Landstrasse & Prater

Die Leopoldstadt beginnt am Donaukanal, den Street Art und coole Strandbars säumen. Durch den quirligen Stadtteil hindurch geht's dann zu einer der berühmtesten Attraktionen Wiens: dem Prater, in dem du im historischen Riesenrad 'ne Runde drehen kannst. Dass Wien eine grüne Stadt ist, erlebst du auch im Norden: Im Pratergarten, im Augarten, auf der Donauinsel oder an der Alten Donau ist genug Platz, um sich auszupowern oder in der Natur zu relaxen.

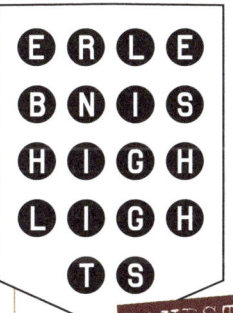

ERLEBNIS HIGHLIGHTS

LANDSTRASSE & PRATER

> **EIN TAG AUF DEM RUMMEL**

> **BADEURLAUB AN DER ALTEN DONAU**

> **EIN GLASERL WEIN IM HEURIGEN**

> **FREIER FALL VOM DONAUTURM**

> ....

> ....

> ....

An der schönen blauen Donau ...

Landstrasse & Prater

SEHENSWERTES

- ⭐ 78 VOLKS- & WURSTLPRATER
- 79 WU CAMPUS
- 80 SPAZIERGANG AM DONAUKANAL
- 81 DONAUINSEL
- 82 FRANZ-VON-ASSISI-KIRCHE
- ⭐ 83 ALTE DONAU
- 84 HUNDERTWASSERHAUS & -MUSEUM
- ⭐ 85 STRANDBAR HERRMANN
- 86 WEINWANDERN & STADTWANDERN
- 87 „HEURIGEN" ENTDECKEN

PARKS

- 88 AUGARTEN
- 89 PRATERGARTEN
- 90 KIRSCHBLÜTEN IM DONAUPARK

ESSEN & TRINKEN

- 91 PIZZA MARI
- 92 HAMMOND BAR
- 93 CAFÉ BALTHASAR
- 94 MOCHI & O.M.K DELI
- 95 ABBY
- 96 KARMA FOOD
- 97 DAS BOOTSHAUS
- ⭐ 98 TEL AVIV BEACH

SHOPPING

- 99 SUPERSENSE
- 100 PRATERSTRASSE

Auf dem Prater lassen sich natürliche tolle Insta-Fotos machen. Wer schwindelfrei ist, kann sogar ein einmaliges Foto im 117m hohen Kettenkarussell machen. Kamera oder Handy solltet ihr aber am besten mithilfe einer Schlaufe fest im Griff haben.

SEHENSWERTES

78. VOLKS- & WURSTL-PRATER

In Wien gibt es das ganze Jahr über einen Rummel, natürlich mit Geisterbahnen, Karussells, Achterbahnen, Spiegel- und Lachkabinetten, Falltürmen, Planetarium und, und, und (einige Attraktionen legen aber von November bis Februar einen Winterschlaf ein). Da gibt es gemütliche Old-School-Fahrgeschäfte, aber auch echte Thrills, die nichts für schwache Nerven sind. So klingen auch deren Namen: „Turbo Booster", „Ejection Seat" und „Space Shot" sprechen für sich. Ob ihr Draufgänger oder Angsthasen seid, eine Attraktion

solltet ihr definitiv nicht auslassen: **Das herrlich altmodische Wiener Riesenrad gehört schließlich zu den berühmtesten Wahrzeichen der Stadt.** Eine Fahrt dauert 15 Minuten und ist gar nicht mal sooo teuer. Mit 10 Euro seid ihr dabei. Bei Sonnenuntergang sehr schön und ziemlich unvergesslich! Und was gehört noch zu einem Rummel? Natürlich, eine richtig ungesunde Leckerei. Probiert einen Lángos, am besten mit viel Knoblauch, Käse und Sauerrahm. Zu viel Trubel? Dann macht doch noch einen Abstecher in den angrenzenden Pratergarten (S. 132).

U-Bahn: Praterstern

BUCKET LIST

Volks- und Wurstprater

Das große Riesenrad oder das Kettenkarussell ausprobiert? Klebe dein Ticket ein.

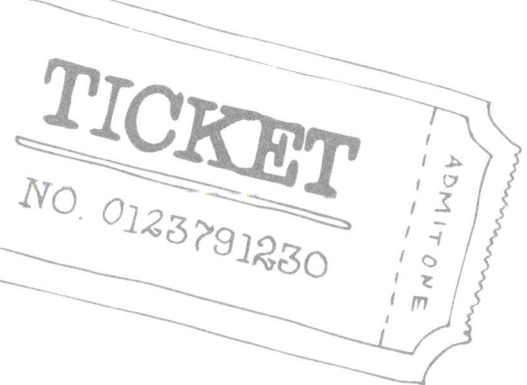

LANDSTRASSE & PRATER

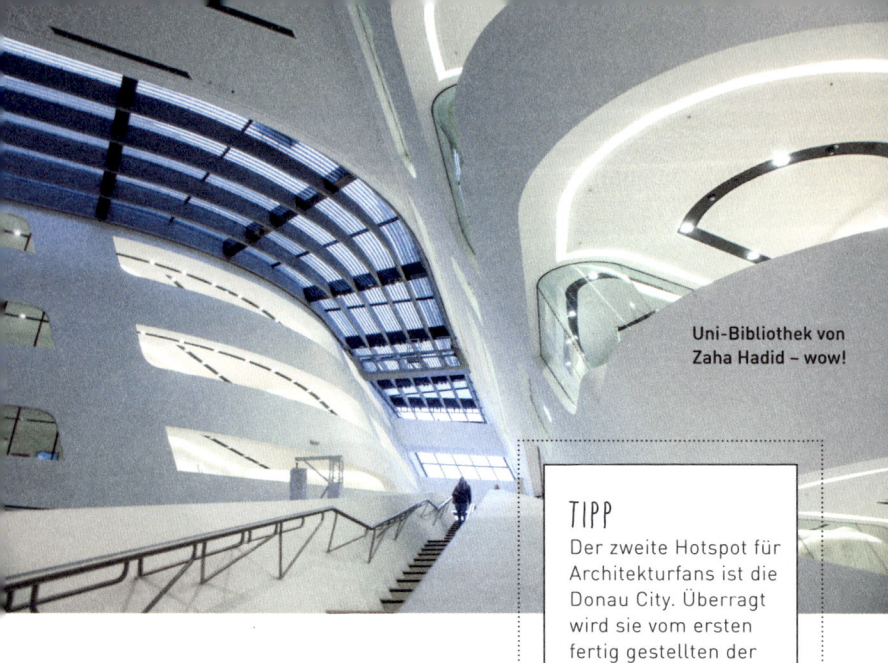

Uni-Bibliothek von
Zaha Hadid – wow!

79. WU CAMPUS

Jetzt wird's modern. Während Wiens Stadtbild in der Inneren Stadt und drum herum sehr geschichtsträchtig daherkommt, durften sich zeitgenössische Architekten in den äußeren Stadtbezirken austoben. Zu einem ihrer Spielplätze wurde der Campus der neuen, an den Pratergarten angrenzenden Wirtschaftsuniversität. Das Ergebnis ist ein ultrafuturistisches Gebäudeensemble, entworfen von der Crème de la Crème der internationalen Architekturszene. Der wohl markanteste Hingucker ist das Library & Learning Center: Die Unibibliothek stammt aus der Ideenschmiede von Zaha Hadid, die 2004 als erste Frau mit dem begehrten Pritzker-Architekturpreis ausgezeichnet wurde. Schon die Hülle

> **TIPP**
> Der zweite Hotspot für Architekturfans ist die Donau City. Überragt wird sie vom ersten fertig gestellten der insgesamt drei DC Towers. Der futuristische Wolkenkratzer ist das höchste Gebäude Österreichs.

raubt einem den Atem, richtig spektakulär wird's aber, wenn ihr einen Blick ins Innere werft. Das Schöne am WU Campus sind aber nicht nur die vielen grandiosen, nachhaltig errichteten Gebäude, sondern auch der Open Space dazwischen – nur ein gutes Drittel der Fläche ist bebaut, der Rest ist Freifläche. **Viel Platz also, um sich im Sommer zwischen zwei Vorlesungen in die Sonne zu fläzen und Kraft zu tanken.**

Welthandelsplatz | U-Bahn: Messe – Prater, Kriau

80. SPAZIERGANG AM DONAUKANAL

Einer der beliebtesten Szene-Orte Wiens: Am Donaukanal kann man nach Lust und Laune faule oder auch aktive Stunden verbringen. Die eher relaxte Variante ist ein sonniger Spaziergang, für den die Freizeit-meile am Wasser ein wundervolles Terrain ist. Dabei kann man Street Art vom Feinsten bewundern, denn ganz legal dürfen die Sprayer Wiens mehreren Wänden ihre knallbunten Stempel aufdrucken. So entstanden links und rechts der Donau so einige Instagram-taugliche Motive – perfekt für urbane Fotosessions. Für Pausen bieten sich zahlreiche Strandbars und -cafés an, wie etwa das Tel Aviv (S. 136) oder die Strandbar Herrmann (S. 126) **Sogar baden kann man im Sommer, wenn auch nicht im Kanal, sondern im Becken des etwas in die Jahre gekommenen, dafür umso charman-teren Badeschiffs am Franz-Josefs-Kai.** Und auch sonst ist gerade in der warmen Jahreszeit jede Menge am Kanal geboten, so beschallen meh-rere Musikfestivals im Jahr die Ufer mit neuen Sounds. Besonders cool: das Donaukanaltreiben Ende August/ Anfang September.

U-Bahn: Friedensbrücke, Roßauer Lände, Schwedenplatz

Zu den Szene-Orten Wiens zählen die Graffitis links und rechts der Donau. Mein Tipp: stehen bleiben, staunen und die eine oder andere urbane Foto-Session starten!

81. DONAUINSEL

Reif für die Insel? Wenn die Sommerhitze in der City unerträglich wird, zieht es die Wiener in Scharen auf die Donauinsel. Dennoch sollte sich auf dem 21 km langen und 250 m schmalen grünen Streifen immer noch ein ruhiges Plätzchen finden. Hier wird gejoggt, geskatet, geradelt und gepaddelt, gegrillt (Würstel und sich selbst)

und an den zahlreichen Naturbadeplätzen ins kühle Nass gesprungen – auch hüllenlos in großzügig angelegten und ausgewiesenen FKK-Bereichen an den beiden Spitzen der Insel. **Wer es etwas rasanter mag, kann auch wakeboarden! An der Schleusenbrücke Wehr 1 gibt es dazu den passenden Lift.** Später dann geht es hinüber zu den coolen Strandbars der Copa Cagrana an der Reichsbrücke, benannt nach dem nahen Stadtteil Kagran. Komplett mit der Ruhe vorbei ist's allerdings Ende Juni, wenn das Donauinselfest, ein gigantisches Open-Air-Musikfestival mit Topacts und freiem Eintritt, rund drei Millionen Besucher anlockt.

U-Bahn: Donauinsel

TIPP

Am besten erkundet man die Donauinsel mit dem Fahrrad auf asphaltierten Wegen. Fahrräder leihen könnt ihr an der Copa Cagrana (Am Kaisermühlendamm 1) und direkt auf der Donauinsel am Parkplatz Floridsdorferbrücke.

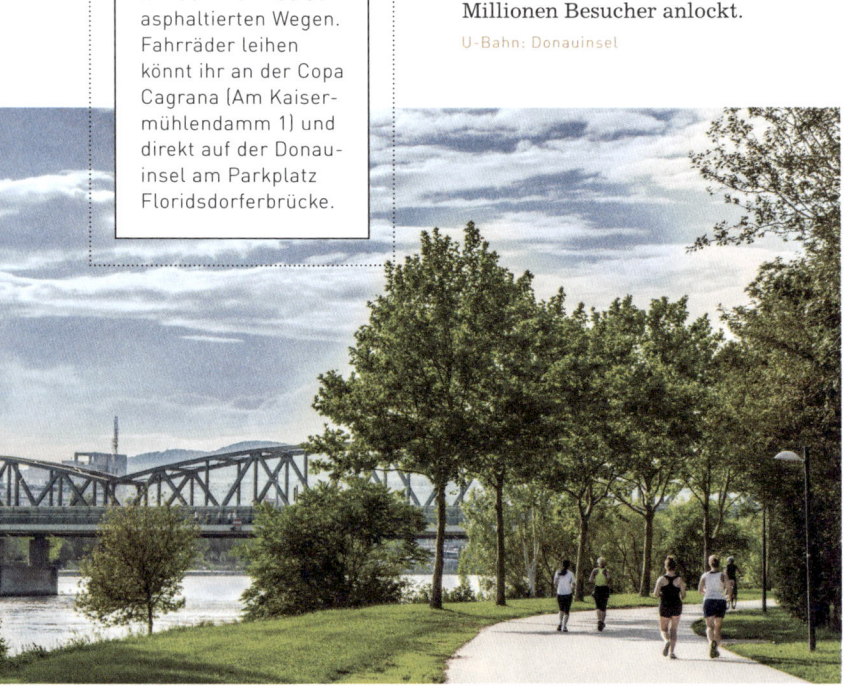

Einmalige Insta-Motive ergeben sich von der anderen Donauseite oder schräg vom Donau Skate Park aus. Auch Spiegelungen mithilfe eines Handys kreieren tolle Fotos.

FOTO TIPP FOTO TIPP FOTO TIPP FOTO TIPP

82. FRANZ-VON-ASSISI-KIRCHE

Kommt abends! Die riesige beleuchtete Kirche, die von den Wienern meistens nur Mexikokirche genannt wird, erinnert dann mit ihren knallroten Dächern und den vielen kleinen und großen Türmen fast ein wenig an das Harry-Potter-Schloss Hogwarts oder ein traumhaftes Disneyschloss. Erbaut wurde sie 1898 im neoromanischen Stil zum 50-jährigen Regierungsjubiläum von Kaiser Franz Josef, weshalb ihr dritter Name auch Kaiserjubiläumskirche lautet. Nur einen Steinwurf ist's zur Donau – ein toller, wenig besuchter Insta-Spot, von außen wie innen. Der Mexikoplatz drum herum hatte übrigens in der Vergangenheit einen zweifelhaften Ruf als größter Schwarzmarkt Wiens. Ob er das immer noch ist? Haltet die Augen offen und schaut selbst!

Mexikoplatz | U-Bahn: Vorgartenstraße

83. ALTE DONAU

Die Wiener sind schon zu beneiden. So viel Grün kann kaum eine Großstadt ihr Eigen nennen. Und dann haben sie auch noch mitten im Stadtgebiet einen See. Einen See? Ja, denn die Alte Donau ist zwar tatsächlich ein alter Flussarm der Donau, der früher sogar deren Hauptarm war, seit der Donauregulierung im 19. Jahrhundert hat sie aber keine direkte Verbindung zum eigentlichen Fluss mehr. Seitdem hat sich die Alte Donau zum Paradies für alle Wasserratten und Sonnenanbeter entwickelt. An ihren Ufern gibt es jede Menge Naturbadeplätze und Liegewiesen, auf denen ihr Urlaub vom Stadturlaub machen könnt. Und das Beste: Das kostet keinen Cent! Vielerorts ist der Zugang zum Gewäs-ser frei. Für ein paar Euro bekommt ihr Duschen, Toiletten und Schwimmbecken dazu, etwa im Freibad Gänsehäufel auf der gleichnamigen Sandinsel. **Wer dann noch ein bisschen mehr in Urlaubsspaß investieren will, kann sich ein SUP-Board leihen und als Stehpaddler Karriere machen oder auch im Tretboot übers Wasser schippern.** Schöne Spots gibt es vor allem an der Unteren Alten Donau, rund um die Lagerwiese Rehlacke finden sich zudem noch mehrere Lokale für den perfekten Sundowner. Wer sich den verdienen mag, kann das Gewässer zunächst mal mit dem Fahrrad umrunden.

U-Bahn: Alte Donau

124

BUCKET LIST

Alte Donau

Ans Ufer legen – in den Himmel schauen – wegträumen.
Wovon hast du geträumt?

Farben- und formenreich – typisch Hundertwasser

84. HUNDERTWASSERHAUS & -MUSEUM

Hach, schon sein voller Name, ein Pseudonym, lässt erahnen, dass das Multitalent kein allzu großer Freund von Konventionen war: Friedensreich Hundertwasser Regentag Dunkelbunt nannte sich der im Jahr 2000 verstorbene Künstler, der „gerade Linien" als „gottlos" bezeichnete. Was aber dabei rauskommt, wenn man eben ohne gerade Linien baut, das seht ihr am Hundertwasserhaus im 3. Bezirk. Es trägt die herrlich spleenige Handschrift seines Co-Schöpfers (beteiligt war außerdem der Architekt Josef Krawina): Mosaiken und kunterbunte Farben schmücken den schrägsten Wohnblock der Stadt, Symmetrien sucht ihr vergeblich, Wände und Böden sind oft gekrümmt, und auf Balkonen und Dächern wachsen Bäumchen und Büsche. Bestaunen könnt ihr das Hundertwasserhaus aber nur von außen – die Bewohner danken es euch, wenn ihr euch daran haltet! Wer dennoch Werke des Künstler aus nächster Nähe sehen will, sollte weiter zum Kunst Haus Wien (Hundertwassermuseum) ziehen, das in einem weiteren Gebäude von Hundertwasser auch spannende internationale Wechselausstellungen zeigt. Und viele bunte Souvenirs gibt es im Hundertwasser-Village, gleich beim Hundertwasserhaus ums Eck. Tipp: Schaut euch hier ihr unbedingt die Toiletten an!

Hundertwasserhaus: Kegelgasse 36–38 | Tram: Löwengasse
Kunst Haus Wien: Untere Weißgerberstraße 13 | Tram: Radetzkyplatz

TIPP

Ihr habt von Hundert-
wasser immer noch
nicht genug? Dann
solltet ihr mit der U6
nach Spittelau fahren
und euch die unge-
wöhnlichste Müllver-
brennungsanlage der
Welt anschauen.

Filmriss war gestern. Wer sich morgen noch an heute erinnern möchte, macht am besten nach ein paar Drinks ein Selfie. Lustiger als mit dem Handy geht das mit dem Retro-Fotoautomat in der Strandbar. Ihr werdet überrascht sein, wie viele Personen in die kleine Bude passen ...

85. STRANDBAR HERRMANN

Nach einem Spaziergang am Donau-kanal strandet man fast unweigerlich in der Strandbar Herrmann. Mitten in der City fühlt ihr euch dank Sand zwischen den Zehen wie am Meer. Liege-stühle und die entspannten Vibes der DJs tun ein Übriges. Die ausgelassene Atmosphäre eignet sich perfekt, um den Tag ausklingen zu lassen. Dazu noch ein paar Cocktails zur Happy Hour (18–19 Uhr) oder auch danach – Urlaub in der Stadt kann so schön sein!

Herrmannpark | Tram: Hintere Zollamtsstraße | www.strandbarherrmann.at | @strandbarherrmann

BUCKET LIST
Strandbar Herrmann

PLATZ

FÜR

DEINE

BILDER

Mach doch mal ein Foto mit jemand völlig Fremdem.

129

86. WEINWANDERN & STADTWANDERN

Wandern in der Stadt? Ja, in Wien geht das! Ein bisschen müsst ihr dafür schon aus der City rausfahren, dann aber seid ihr meist von viel Grün umgeben. Also: High Heels aus- und Sneaker angezogen und los geht's – Wandervorschläge findet ihr im Netz reichlich z. B. mit der Kompass App. Ein wunderschönes Wanderrevier mit Weitblick über die Donau und die oft im Dunst liegende Stadt sind die Weinberge im 19. Bezirk. Eine zu jeder Jahreszeit zauberhafte Tour führt beispielsweise von Grinzing nach Nussdorf. **Wer will, kann auch einen Abstecher zum Kahlenberg machen, dem höchsten Punkt der Stadt. Start- und Zielpunkt der Wanderung sind jeweils an den ÖPNV angeschlossen.** Diese und weitere Weinwanderungen findet ihr unter www.weinwandern.at/weinwandern-wien. Ihr habt mit Wein nichts am Hut? Dann wäre vielleicht eine der 24 Etappen des insgesamt 120 km langen Rundumadum-Wanderwegs das Passende für euch. Beschrieben ist er unter www.wien.gv.at/umwelt/wald/freizeit/wandern/rundumadum.

Weinwanderweg Grinzing–Nussdorf | Start: Tram-Station Grinzing | Ziel: Tram-Station Nussdorf Beethovengang

Du kannst das „Weinwandern" auch wörtlich nehmen, die Picknickdecke, Snacks und ein Fläschchen einpacken und dann inmitten der Weinreben genießen.

LOW
$
BUDGET

Einer der beliebtesten Stadt-Heurigen ist die Weinstube Josefstadt (Piaristengasse 27). Die grüne Oase ist jedoch schwer zu finden, also Augen aufhalten!

87. HEURIGEN ENTDECKEN

Was dem Münchner sein Biergarten, ist dem Wiener sein Heuriger. Rustikale Tische, Stühle und Bänke, eine einfache Brotzeit auf dem Holzbrett, ein spritziger Wein im Glas und mit etwas Glück dazu die Klänge der Schrammelmusik – uriger geht's nimmer! Der natürliche Gegenpol zu all den Clubs und Bars Wiens sind die vielen Heurigen, benannt nach dem „Heurigen Wein", also dem Wein des letzten Jahrgangs. Diese Weinlokale dürfen nur für ein paar Wochen im Jahr öffnen, wobei jeder Heuriger selbst entscheidet, wann. Angekündigt wird das traditionell mit einem Föhrenbusch, einem Kiefernzweig, der über dem Eingang aufgehängt wird. Deshalb nennt man die Lokale auch Buschenschänken. Natürlich findet ihr heutzutage die aktuellen Öffnungszeiten aber längst auch im Web, zum Beispiel unter www.wienerheurige.at. Ein Blick in einen Heurigenkalender erspart euch eventuell eine längere Anfahrt, denn die wirklich authentischen Heurigen sind am Stadtrand in den Weinanbaugebieten Wiens zu finden. Selbst da gibt es aber auch noch Tourifallen, in denen ein rechter Fusel auf den Tisch kommt. Ein sicheres Indiz dafür sind Reisebusse am Straßenrand. Wer's authentisch weinselig mag, sollte also lieber abseits der Touristenströme aktiv werden, **beispielsweise in Neustift am Walde im 19. Bezirk. Hier gibt es noch etliche supersympathische Familienbetriebe, die malerisch in den Weinbergen liegen.**

Bus: Neustift Agnesgasse

LANDSTRASSE & PRATER

PARKS

88. AUGARTEN

Noch so eine grüne Oase mitten in Wien. Der Augarten in der Leopoldstadt ist der älteste Barockgarten in ganz Österreich. Mitte des 17. Jahrhunderts angelegt, wurde er schon 1775 fürs gemeine Volk freigegeben. Sehr zur Freude der Wiener, die heute auf den vielen Wiesen picknicken und sich sonnen, Frisbee spielen und bolzen – im Sommer ist der Augarten einer der größten Tummel- und Spielplätze der Stadt. Er hat aber noch mehr zu bieten. Eines der spannendsten Urban-Gardening-Projekte zum Beispiel: Die City Farm mit rund 4000 m² Anbaufläche versteht sich als Erlebnis- und Schaugarten. Bei Workshops und Führungen erfahrt ihr, wie man auch in der Stadt sein eigenes Bio-Gemüse hochzieht. Ein düsteres Mahnmal der Geschichte sind schließlich die beiden Flaktürme, die gegen Ende des Zweiten Weltkriegs zur Abwehr von Luftangriffen erbaut wurden. Heute kann man jedoch gegen einen kleinen Aufpreis dort klettern und bouldern. Eine kleine Stärkung in Form von leckerer Pizza gibt's ums Eck bei Pizza Mari (S. 132)

Flakturm im Augarten

U-Bahn: Taborstraße, Friedensbrücke

89. PRATERGARTEN

Der Wurstlprater (S. 116) ist weltberühmt. Dass sich dahinter die viel, viel größere Grüne Lunge Wiens erstreckt, wissen aber die wenigsten Nicht-Wiener. Wie auch der Lainzer Tiergarten (S. 98) war der Prater nämlich in seiner ersten Laufbahn ein kaiserliches Jagdrevier. Diese Zeiten sind längst vorbei, der Prater gehört dem Volk, das hier mit dem Bike oder auch hoch zu Ross unterwegs ist. Das Schöne am Prater ist, dass die Natur hier größtenteils noch Natur sein darf, ohne dass der Mensch sie in ein enges Korsett zwängt. Bei einer Erkundungstour könnt ihr euch ein Bild davon machen, wie die Donau-Auen vor den Toren Wiens früher

Durchatmen – im Pratergarten, hier mit Blick auf das Riesenrad, sind Natur und Auszeit angesagt.

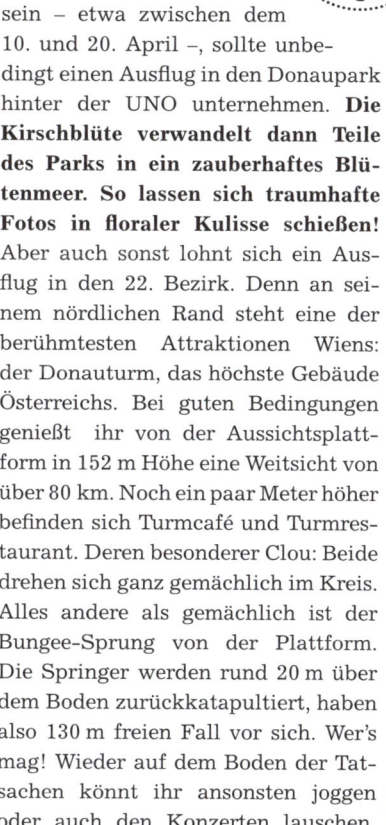

FOTO TIPP FOTO TIPP FOTO TIPP FOTO

90. DONAUPARK

Wer das Glück hat, zur richtigen Zeit in Wien zu sein – etwa zwischen dem 10. und 20. April –, sollte unbedingt einen Ausflug in den Donaupark hinter der UNO unternehmen. **Die Kirschblüte verwandelt dann Teile des Parks in ein zauberhaftes Blütenmeer. So lassen sich traumhafte Fotos in floraler Kulisse schießen!** Aber auch sonst lohnt sich ein Ausflug in den 22. Bezirk. Denn an seinem nördlichen Rand steht eine der berühmtesten Attraktionen Wiens: der Donauturm, das höchste Gebäude Österreichs. Bei guten Bedingungen genießt ihr von der Aussichtsplattform in 152 m Höhe eine Weitsicht von über 80 km. Noch ein paar Meter höher befinden sich Turmcafé und Turmrestaurant. Deren besonderer Clou: Beide drehen sich ganz gemächlich im Kreis. Alles andere als gemächlich ist der Bungee-Sprung von der Plattform. Die Springer werden rund 20 m über dem Boden zurückkatapultiert, haben also 130 m freien Fall vor sich. Wer's mag! Wieder auf dem Boden der Tatsachen könnt ihr ansonsten joggen oder auch den Konzerten lauschen, die auf der Bühne im Park bei freiem Eintritt veranstaltet werden. Summer in the City …

U-Bahn: Alte Donau | Bus: Donauturm

ausgesehen haben. Richtig urwaldartig ist das Krebsenwasser westlich vom Lusthaus. Mit ein bisschen Glück könnt ihr hier sogar Bibern bei der Arbeit zuschauen. Auch andere Tiere sind aktiv: Füchse streunen durchs Unterholz, Rehe knabbern an jungen Trieben, Schmetterlinge und Libellen flattern durch die Luft – und lästige Stechmücken stürzen sich auf Menschenblut. Auch das gehört eben zu einer Auenlandschaft dazu. Und noch etwas dürfte es in kaum einer anderen Großstadt geben: Der Rodelhügel an der Jesuitenwiese verwandelt sich im Winter zuverlässig in ein verschneites Winderwunderland – der Beschneiungsanlage sei Dank!

U-Bahn: Praterstern, Stadion

LANDSTRASSE & PRATER

ESSEN & TRINKEN

91. PIZZA MARI

Hier schmeckt's wie in Bella Italia. Oder genauer gesagt: wie in Bella Napoli. Denn die Pizzas sind nach original neapolitanischer Machart und werden im Steinofen, der ein bisschen aussieht wie eine Rundbehausung auf dem Star-Wars-Planeten Tatooine, kross gebacken. Riesig ist die Auswahl nicht, dafür sehr authentisch. Nach einer Pizza Hawaii werdet ihr vergeblich fragen. Kenner schätzen dafür die hochwertigen Zutaten, die auf den Pizzas landen, darunter auch Spezialitäten wie Salsiccia oder Mozzarella Bufala. Und die Pizze bianche – also ohne Tomatensauce. Wer die typisch italienischen Dolci wie Tiramisu oder Panna Cotta versuchen will, muss abends kommen. Auch das Ambiente passt: Kein Schickimicki à la Edelitaliener, keine Flüsteratmosphäre, stattdessen geht's richtig familiär zu. Im Sommer schöne Plätze im Freien an der ruhigen Leopoldsgasse.

Leopoldsgasse 23A | U-Bahn: Taborstraße | www.pizzamari.at | @pizzamari_wien

92. HAMMOND BAR

„The happiest Place on Earth is not Disneyland anymore", heißt es auf der Website des Hammond, sondern – so wollen die Macher wohl suggerieren – diese Bilderbuchbar: Schummriges Licht, erzeugt von Glühbirnen in allen Formen und Größen, ein großer, eleganter Tresen und dahinter eine ganze Kavallerie von Flaschen und mehrfach mit Preisen ausgezeichneten Mixologen, die Klassiker und kreative Kreationen in die supereleganten Gläser zaubern – ja, diese Bar ist genau so, wie man sich eine Bar vorstellt. Newbies, die angesichts der umfangreichen Karte Entscheidungsprobleme haben, können sich ganz getrost auf den Tipp des superfreundlichen Personals verlassen. Wer will da schon nach Disneyland?!

Taborstraße 33 | U-Bahn: Taborstraße | www.hammondbar.at | @hammond_bar_vienna

Café Balthasar

93. CAFÉ BALTHASAR

Es gibt Kaffee, der einfach nur einen Zweck erfüllt, nämlich dem Körper einen Schuss Koffein zu verpassen. Und dann gibt es Kaffee als Gesamtkunstwerk. Diese Sorte Kaffee wird im Hipster-Café Balthasar nach allen Regeln des Barista-Handwerks zelebriert. Folgerichtig stehen Espresso, Cappuccino, Flat White & Co. hier im Mittelpunkt, die Speisen beschränken sich auf ein paar Snacks wie Tartes, Pain au Chocolat oder auch Tramezzini. Die hauseigenen Röstungen bekommt ihr auch im Shop. Und im Balthasar Lab ums Eck könnt ihr bei Workshops noch tiefer in die Welt des Kaffees eintauchen.

Praterstraße 38 | U-Bahn: Nestroyplatz | www.balthasar.at

94. MOCHI & O.M.K DELI

Mochi machen glücklich. Die kleinen klebrigen Reisküchlein haben in Japan als Glücksbringer vor allem zu Neujahr Hochkonjunktur. Ihre Gäste glücklich zu machen, das scheint auch das oberste Ziel der kreativen Köpfe hinter dem japanischen Restaurant gleichen Namens zu sein. Mit Erfolg: Wollt ihr ebenfalls die japanisch-europäisch-kalifornische Fusionküche mit Sushi und Sashimi, Tapas, Karaage (Gebackenes), Yakitori (gegrillte Spieße) und Robata kosten, müsst ihr oft weit im Voraus buchen. Die Plätze in dem recht kleinen Lokal mit offener Küche sind heiß begehrt. Im Sommer entspannt sich die Lage ein wenig, weil dann auch der schattige Schanigarten hungrige Menschen aufnimmt. Sollte das alles nichts nützen, gibt es gleich gegenüber noch das o.m.k., das O-Mochi-Kaeri – ein Take-away und Deli von den gleichen Betreibern. Und natürlich gibt's auch Mochi zum Probieren.

Praterstraße 15 & 16 | U-Bahn: Nestroyplatz | www.mochi.at

Im Abby bist du im Sushi-Himmel (aber auch für Sushi-Geg gibt es eine tolle Auswahl!).

95. ABBY

Das Abby nimmt euch mit auf eine kulinarische Reise um die Welt. Vor allem gibt es Asia Food mit japanischem Schwerpunkt. So stehen auf der Speisekarte Klassiker wie Maki (mit Fisch und vegetarisch), Rolls, Nigiri Sushi, Sashimi und Miso. Ihr könnt aber auch Freunde mitnehmen, die mit rohem Fisch nichts am Hut haben. Denn hier wird jeder fündig, neben diversen Bowls – auch in originellen Varianten mit Roter Bete oder als Gazpacho – kommen noch Wiener Schnitzel, Steaks, ein Beef Burger mit Süßkartoffelpommes und Chilimayo oder Wok mit Gemüse, asiatischem Reis und Garnelen auf den Tisch. Das superfreundliche Personal und das moderne, stylishe Ambiente schaffen den perfekten Rahmen, um abends den Tag schön ausklingen zu lassen.

Landstraße Hauptstraße 50 | U-Bahn: Landstraße | www.abby.at

96. KARMA FOOD

Hier tut ihr was für euer Karma! Bevor es raus ins Grüne des Pratergartens (S. 132) geht, könnt ihr hier noch ein gesundes Frühstück zu euch nehmen. Das All Day Breakfast ist vegan oder zumindest vegetarisch. Auf den Tisch kommen zum Beispiel eine Golden Quinoa Passionfruit Bowl, Karma Breakfast Mezze mit geschmorten Süßkartoffeln, Hummus, Sauerteigbrot und mehr, Indian Breakfast Thali mit würziger Eispeise oder ein Veggie Breakfast Sandwich – alles ist reichlich, lecker und ein Augenschmaus. Kleinere Happen für Zwischendurch gibt es auch. Zum Lunch von 10.30 bis 14 Uhr gab es zuletzt drei wechselnde Gerichte, ebenfalls vegan oder vegetarisch, zu einem fairen Preis zwischen 7 und 8,50 Euro. Weitere Filialen gibt's am Laurenzerberg und am Schottenring in der Inneren Stadt sowie in der Neustiftgasse im 7. Bezirk.

Ausstellungsstraße 63 | U-Bahn: Messe Prater | www.karmafood.at | @karmafood_vie

97. DAS BOOTSHAUS

An der Alten Donau (S. 122) kommt Urlaubs-Feeling auf. Und was gehört zu einem gelungenen Urlaubstag? Ein lauschiges Plätzchen am Wasser mit gutem Essen und einem gekühlten Drink. Ein solches Plätzchen sollte sich im Bootshaus finden lassen. Auf der großen Holzterrasse blickt ihr über den Fluss, der eigentlich ein See ist und könnt anderen beim Arbeiten – sprich Rudern – zuschauen. Oder ihr ergattert für euch einen der begehrten Liegestühle und bohrt den großen Zeh in den Sand. Großartig ist die Aussicht auf die Skyline der Donau City vor allem bei Sonnenuntergang. Aber auch an grauen und regnerischen Tagen lohnt ein Abstecher ins Bootshaus, das innen sehr stylish mit weiß gestrichenen Holzwänden, Kamin, Ledersofas und Dekorationen rund um den Rudersport eingerichtet ist. Das Essen ist bunt gemischt, mit leicht maritimem Schwerpunkt – so

Das Bootshaus

gibt es beispielsweise Paella, Fish & Chips und Meeresfrüchterisotto, aber auch Schweinshaxerl, Hendl und eine vegane Gemüsepfanne. Fazit: Perfekt für einen Sundowner, aber auch für mehr!

An der unteren Alten Donau 61 | Tram: Arminenstraße | www.dasbootshaus.at | @landtmanndasbootshaus

98. TEL AVIV BEACH

Ok, ein Geheimtipp ist diese Strandbar am Donaukanal sicher nicht mehr. Einen Besuch ist sie aber dennoch definitiv wert. Schon allein der fantastischen Stimmung wegen. Also reserviert am besten Plätze, werft euch in die neuesten Sommerklamotten und mischt euch unters Volk. Das lässt sich abends die bunten Cocktails schmecken, bestaunt den tollen Son-

nenuntergang und wird von regelmäßig auflegenden Top-DJs beschallt. War's das? Nein, denn schließlich wird dieser Summer Hotspot mit Nahost-Flair von der Familie Molcho betrieben, die auch für das Neni am Naschmarkt (S. 91) verantwortlich ist. **Neben Burgern und den viel gerühmten Pommes (mit neun unterschiedlichen Dips!) gibt's daher auch Mezze und orientalisches Streetfood.** So kann's schon passieren, dass man hier an einem sonnigen Nachmittag strandet und tiefenentspannt bis in den späten Abend hängen bleibt … man sieht sich!

Obere Donaustraße 65 | U-Bahn, Tram: Schottenring | www.neni.at | @telavivbeach2010

Cocktails and chill:
Der Beach Club verspricht
Sommerfeeling pur und orientalische Leckerbissen.

BUCKET LIST

Tel Aviv Beach

Kreiere deinen perfekten Cocktail.

Im „Record Elevator" könnt ihr für schlappe 15 Euro eine eigene Vinyl-Schallplatte aufnehmen!

SHOPPING

99. SUPERSENSE

Das Supersense gehört zu der Art von Läden, die man eigentlich nicht beschreiben kann, sondern selbst gesehen haben muss. Auf den ersten Blick ist es ein Café, das sich sehr cool in einem alten, stuckverzierten k.u.k.-Ambiente eingenistet hat. Auf den zweiten Blick ist es aber vor allem ein Kuriositätenkabinett, in dem sich alles ums Analoge dreht.

Foto-Freaks, die statt Speicherkarten immer noch Filmrollen in ihre Kameras einlegen müssen, werden hier genauso fündig wie Polaroid-Knipser. In einem ausgedienten Lift, dem „Record Elevator", könnt ihr für schlappe 15 Euro eine eigene Vinyl-Schallplatte aufnehmen, und auf einer Oldtimer-Druckerpresse werden Poster und Postkarten gedruckt. Außerdem gibt es edle Notizbücher und andere Accessoires, die man als Hipster eben so braucht. Herrlich old school, herrlich schräg, herrlich zum Stöbern!

Praterstraße 70/1 | U-Bahn: Praterstern

100. PRATERSTRASSE

Die Praterstraße ist weder die längste noch die berühmteste Shoppingmeile Wiens, verkehrsberuhigt ist sie auch nicht. Trotzdem kann man hier recht gemütlich vom Donaukanal Richtung Prater schlendern. Vor allem der rund 1 km lange Abschnitt zwischen der Schrottgießergasse und dem Praterstern ist hübsch: Wie auf einer Allee mitten in der City spaziert man hier unter dem Blätterdach alter Bäume, Schanigärten von Cafés und Restaurants reihen sich aneinander. Eines der Highlights findet sich gleich am Anfang der Straße: Der Concept Store Song (Nr. 11) lockt mit Kultmarken der Schmuck- und Modewelt Fashionistas an, die nicht aufs Kleingeld achten müssen – alle anderen werfen einen Blick ins Schaufenster. Ansonsten gibt es auch in den Straßen drum herum einige Entdeckungen zu machen: So bringt die liebenswerte Stoffprinzessin in der angrenzenden Czerninpassage Stoffe in 1001 Mustern an die Frau. Der mit viel Herzblut betriebene Buchladen tiempo nuevo in der nahen Taborstraße (Nr. 17A) führt in seinem Sortiment Reisetagebücher, Kunstbücher und Wien-Bücher – die Top-Beratung und das zugehörige Café lassen Amazon verblassen.

U-Bahn: Karmeliterplatz, Nestroyplatz, Praterstern

PARTYGUIDE
Wien

Lust auf Electro, Hip-Hop oder RnB? Oder doch lieber gemütlich der Musik in einer Rooftop-Bar lauschen? In Wien hast du die große Auswahl!

FLEX

>> DIVERS

Anfang der 2000er war das Flex einer der angesagtesten Clubs in Wien. Nach seiner achterbahnähnlichen Vergangenheit mit Drogenproblemen, drastischen Einlasskriterien und dem umstrittenen Ausbau des Außenbereichs genießt der Musikclub nicht mehr den gleichen Ruf wie früher, allerdings kannst du hier im stillgelegten U-Bahn-Schacht immer noch durch die Nacht tanzen. Oder ganz entspannt im Flex-Café am Donaukanal zusammen mit deinen Freunden ein Bier trinken.

Innere Stadt Ost | Augartenbrücke 1 | U-Bahn: Schottenring | www.flex.at | @flexvienna_official

PRATERSAUNA

>> DIVERS

Die Pratersauna ist ein stylisher Electro- und Technoclub auf Top-Niveau in einer ehemaligen Sauna, in dem mehrere Floors beschallt werden.

Besonders im Sommer ist der Club ein echtes Muss: Im großen Garten befinden sich ein Pool und eine Sandlandschaft! Cocktails schlürfen, baden, sich in der Sonne räkeln und der Musik lauschen – tagsüber wird die Pratersauna zum Beachclub. Abends ist das Schwimmbecken beleuchtet und die Party geht auch draußen weiter.

Prater | Waldsteingartenstr. 135 | U-Bahn: Messe-Prater | www.pratersauna.tv | @pratersauna.tv

LAMÉE ROOFTOP

>> DIVERS

Von dieser schicken Rooftop-Bar hast du einen unglaublichen Ausblick auf den Stephansdom und die Umgebung, während du auf den bunten Lounge-Möbeln sitzt und an deinem Wein nippst. Oder an deinem Punsch – das Lamée ist nämlich eine der wenigen Freiluftbars, die auch im Winter geöffnet haben. Allein bist du hier auf keinen Fall und die Preise sind ganz schön heftig, aber die Aussicht auf Wien ist es wert.

Innere Stadt Ost | Rotenturmstraße 15 | U-Bahn: Stephansplatz | www.lameerooftop.com | @lameerooftop

VIE EI PEE

>> HIP-HOP

„The Club: Gossip & Artspace, Garden, Terrace, Buschenschank" – die Selbstbeschreibung des Clubs passt. Es gibt Hip-Hop und Kulinarisches vom Feinsten, die Stimmung ist gut und der Industrial Chic rundet das Ganze ab. Um an den Türstehern von Wiens einzigem Hip-Hop-Club vorbeizukommen, solltest du dich etwas schicker anziehen.

Prater | Waldsteingartenstraße 135 | U-Bahn: Messe-Prater | www.vieipee.com | @vie_i_pee

HIGH HEELS BRAUCHST DU HIER NICHT

DAS WERK

>> ELECTRO

Neben der Grellen Forelle versprüht Das Werk gemütlichen Underground-Flair. Alle Arten von Electro werden hier am Donaukanal auf zwei Floors gespielt: Von Downbeat über harten Techno bis hin zu experimentellen Klängen ist alles dabei. Im Sommer kann es drinnen übrigens sehr heiß werden.

Alsergrund | Spittelauer Lände 12 | U-Bahn: Spittelau | www.daswerk.org | @daswerk_wien

GRELLE FORELLE

>> ELECTRO

Was für ein Name! Und das Logo ist auch Kult. Da will man gleich ein Selfie machen und es bei Instagram hochladen. Leider ist Fotografieren in der Grellen Forelle nicht erlaubt. Aber egal, hier willst du eh sofort zu den Electro-Beats tanzen. Zwei Floors, Underground-Feeling, eine gute Anlage plus Lichtinstallation, eine große Terrasse im Sommer – was will man mehr? Zwei Nachteile hat der Club: die Warteschlange und die Preise.

Alsergrund | Spittelauer Lände 12 | U-Bahn: Spittelau | www.grelleforelle.com | @grelle_forelle

UNDERGROUND-CHARME

GAY UND QUEER

CLUB U

>> TRASH, 90ER, INDIE, POP

Im Club U darf es auch mal etwas ausgelassener zugehen. Die kleine Location in der U-Bahn-Station Karlsplatz teilt sich auf zwei Stockwerke auf: Oben befindet sich der alte Otto-Wagner-Pavillon, unten erinnert der Club an die 80er. Das Publikum ist bunt gemischt, queere Events stehen auf dem Programm und in Sachen Musik ist der Club breiter aufgestellt.

Wieden | U-Bahn-Passage Karlsplatz (Ausgang Resslpark) | U-Bahn: Karlsplatz| www.club-u.at

LANGE WARTESCHLANGE

VOLKSGARTEN UND SAEULENHALLE
›› HOUSE, RNB, CHARTS

Der Volksgarten ist einer der beliebtesten und bekanntesten Clubs in Wien. Wer den höheren Eintrittspreis bezahlt, bekommt in edlem Ambiente neben super Stimmung vor allem House und RnB auf die Ohren. Im Sommer wird draußen im großen Garten mit Pool und kleinen Tischen Party gemacht.

Innere Stadt West | Burggarten 1 | -Bahn: Volkstheater | www.volksgarten.at | @volksgarten

RRR
›› ELECTRO

Lust auf Electro abseits des Mainstreams? Dann ist die recht neue Bar To Reinforce Electrical Colors im ehemaligen AU die Anlaufstelle für dich. Es warten beim Yppenplatz eine Tanzfläche, eine gute Musikanlage und junge Electro-Enthusiasten.

Josefstadt | Brunnengasse 76 | U-Bahn: Josefstädter Straße | www.rrr.social | @reinforce.electrical.colors

ELECTRO-TEMPEL

O – DER KLUB
›› ELECTRO, 90ER

An der Ringstraße findet sich einer der jüngsten Clubs von Wien: Unter der Oper lädt O – der Klub Feierwütige zum Tanzen ein. Etwas edler geht es hier zu, mit aufwendiger Lichtinstallation, zwei Dancefloors und einem Mix aus Electro am Freitag und gängigen Partyhits am Samstag. Du musst hier allerdings mit höheren Preisen für Eintritt und Drinks rechnen.

Innere Stadt Ost | Passage Opernring/Operngasse | U- Bahn: Karlsplatz | www.o-vienna.com | @o_der_klub

SUPER LAGE

24-HOUR FOOD
MASCHU MASCHU
Falafel und andere leckere orientalische Gerichte gibt's im Maschu Maschu. Weiterer Ableger im 1. Bezirk. Tgl. 11.30 – 22 Uhr.
Neubaugasse 20 | U-Bahn: Neubaugasse | www.maschu-maschu.at

INC.
›› HIP-HOP

Die volle Dröhnung Hip-Hop bekommst du im Inc. Und das mit Wohnzimmer-Atmosphäre – dazu tragen die gemütliche Ausstattung und die vielen Lounges bei. Hinzu kommen coole Graffiti, stylishe Tapeten und auffällige Leuchter. Gespielt wird im Inc. (für Incorporated Hip-Hop-Society) jegliche Art von Hip-Hop, alle Genres, egal aus welcher Zeit.

Landstrasse | Schwarzenbergplatz 7 | U-Bahn: Karlsplatz | www.inc.wien | @inc.wien

U4

>> DIVERS

Legendär ist das passende Wort für das U4: Den Club gibt es schon seit über 30 Jahren, Wiens erste Schwulenparty fand hier statt und zahlreiche Promis waren schon zu Gast, darunter Falco und Prince. Für alle dürfte in der Kult-Location etwas dabei sein: DJs spielen an jedem Abend eine andere Musikrichtung.

Sechshaus | Schönbrunner Str. 222 | U-Bahn: Meidling Hauptstraße |
www.u-4.at | @u4_vienna

DONAU

>> TECHNO

Früher eine Synagoge, heute ein Mix aus Bar und Club, in dem Techno aufgelegt wird. Absolut sehenswert (und tolle Foto-Motive) sind die kunstvollen Lichteffekte, die an die Wände projiziert werden. Hungrig? Gute Nachricht: Es gibt einen Würstelstand, der dich mit Snacks, Süßigkeiten und Würsten (sogar vegetarischen) versorgt. Der Clubeingang ist leicht zu übersehen: Halte die Augen nach der grauen Metalltür offen.

Innere Stadt West | Karl Schweighofer Gasse 10 | U-Bahn: Museumsquartier | www.donautechno. com | @donautechno

PASSAGE

>> HOUSE, RNB, CHARTS

Wenn du die ganze Nacht durchtanzen und -feiern willst, dann ist das schicke Passage genau richtig. Unter dem Burgring legen DJs in angesagtem Ambiente House,

LIVE-KONZERTE

↓

RnB, Schlager, Electro und vieles mehr auf. Futuristisches Design, ein maßgeschneidertes Soundsystem, Live-Auftritte und hypermoderne Beleuchtung lassen die Nacht unvergesslich werden.

Innere Stadt West | Burgring 3 | U-Bahn: Museumsquartier | www.club-passage.at| @babenbergerpassage

SASS

>> DIVERS

Wenn der erste Club schließt, geht die Party im Sass weiter. Bis frühmorgens hat der Afterhourclub geöffnet – sonntags sogar von 6 bis 11 Uhr (dann steht „Morgengymnastik" an). Das Design des Clubs wirkt einfach, aber ästhetisch (vergoldete Wände, Eichenparkettboden, eine glitzernde Decke mit 18 000 Kristallen), es gibt keinen Dresscode und die Musik ist durchmischt (Electro, House, Techno …).

Innere Stadt Ost | Karlsplatz 1 | U-Bahn: Karlsplatz | www.sass vienna.com | @sassmusicclub

Vom Vienna Coffee Festival im Januar über das sommerliche Donauinselfest bis zu den Christkindlmärkten in der Vorweihnachtszeit – Wiens Veranstaltungskalender ist das ganze Jahr über vollgepackt. Da wird dir garantiert nicht langweilig und du lernst alle Seiten der Stadt kennen!

JANUAR

WIENER EISTRAUM

Von Januar bis März verwandelt sich Wien in eine Winterwunderwelt: Eine ca. 9.000 m² große Eisfläche zwischen Rathaus und Burgtheater lädt zum puren Eislaufvergnügen ein. Die Eislandschaft mit Musik und romantischer Beleuchtung umfasst u. a. vier Flächen, verschlungene Pfade durch den Park, einen Übungsbereich, acht Bahnen zum Eisstockschießen und den Sky Rink, eine Eisterrasse im 1. Stock. Einen Schlittschuhverleih, Imbissbuden und Glühwein gibt es auch.
www.wienereistraum.com

VIENNA COFFEE FESTIVAL

Kaffeehäuser sind eine Wiener Institution – und mit dem Vienna Coffee Festival bekommt diese Seite der Kultur einen modernen Touch (schon mal einen Kaffee-Cocktail getrunken?). Das Festival in der Ottakringer Brauerei begeistert Kaffeeliebhaber und Fachbesucher: Workshops, Vorträge, Verkauf von Kaffeesorten, Barista-Meisterschaften und Verkostungen gehören zum Programm. Essen und Livemusik am Abend sorgen für eine einmalige Atmosphäre.
www.viennacoffeefestival.cc

FEBRUAR

FASCHINGS- UND BALLSAISON (INKL. OPERNBALL)

Von November bis Februar dauert ungefähr die Faschings- und Ballsaison in Wien, während der die Wiener und Besucher Gelegenheit haben, an Partys und an einem der etwa 300 Bälle teilzunehmen. Den Höhepunkt bildet jedes Jahr am Donnerstag vor Aschermittwoch der berühmte Opernball in der Wiener Staatsoper, der auch im Fernsehen und als Live-Stream übertragen wird.

APRIL

OSTERMARKT

Auf dem Ostermarkt vor dem Schloss Schönbrunn kannst du wunderbar herumspazieren und die eine oder andere Entdeckung machen: Etwa 70 Aussteller zeigen ihr Kunsthandwerk, Osterdekorationen, Schmuck, Keramiken, Schnitzereien und Nützliches für den Haushalt. Müde vom Schlendern? Bunte große Eierschalen dienen als Sitzlandschaft, und an den Ständen gibt es Getränke sowie süße und herzhafte Leckereien.
www.ostermarkt.co.at

VIENNA CITY MARATHON

Zum zuschauen oder selbst mitmachen: Der Vienna City Marathon ist eines der größten Sportereignisse in Österreich. Es ist quasi Sightseeing und Marathon in einem – Tausende Hobby- und Leistungssportler kommen an den Sehenswürdigkeiten Wiens vorbei. Verschiedene Läufe sind möglich, darunter die Standardstrecke von 42 km, sodass Läufer egal welchen Alters oder Leistungsniveaus teilnehmen können.

www.vienna-marathon.com

MAI

WIENER FESTWOCHEN

Innerhalb von fünf Wochen kannst du in Mai und Juni jede Menge Kunst und Kultur mitbekommen. Die Wiener Festwochen sind nämlich ein spartenübergreifendes Festival: Auf dem Programm stehen aktuelle Theaterstücke, bildende Kunst, Konzerte, Tanzaufführungen, Opern, Installationen, Workshops und neue Kunstformen. Die Produktionen aus der ganzen Welt werden an verschiedenen Orten in Wien aufgeführt.

www.festwochen.at

JUNI

DONAUINSELFEST

Ende Juni wird drei Tage lang beim Donauinselfest richtig gefeiert. Schon seit 1984 findet Europas größtes Open-Air-Musikfestival statt, zu dem ungefähr drei Millionen Besucher auf die

LOW $ BUDGET

Donauinsel strömen. Neben Sport und Kabarett ist das Musikprogramm breit gefächert: von Pop über Rock bis hin zu Country. Und mit das Beste am Festival: Es ist kostenlos!

www.donauinselfest.at

VIENNA PRIDE: REGENBOGENPARADE

Farbenprächtige Festwagen, ausgefallene Kostüme, ausgelassene Stimmung und nackte Haut – das ist Wiens Regenbogenparade. Rund 200 000 Besucher feiern mit, tanzen und schauen sich den bunten Umzug auf der Ringstraße Mitte Juni an. Die Regenbodenparade ist der Höhepunkt der Vienna Pride, des größten LGBTIQ+-Events in Österreich mit zahlreichen Infoveranstaltungen, Kunstausstellungen, Partys und dem Pride Village.

www.viennapride.at

JULI

POPFEST

Vor der imposanten barocken Karlskirche findet Ende Juli das Popfest statt, das 2010 zum ersten Mal veranstaltet wurde. Bekannte Musiker und Newcomer der österreichischen Popmusikszene spielen an drei oder vier Tagen ihre Songs, mittlerweile auch in den umliegenden Gebäuden und im Inneren der Kirche. Der Eintritt ist immer kostenlos, also kommt vorbei und lasst euch von der Vielfalt der Popmusik überraschen!

www.popfest.at

LOW $ BUDGET

AUGUST

MUSIKFILM FESTIVAL

Eines der berühmtesten und größten Events ist das kostenlose Filmfestival am Rathausplatz in Juli und August. Auf einer riesigen Leinwand werden täglich Aufnahmen von Konzerten, Balletten und Opern gezeigt. Auch Einheimische besuchen gerne das Open-Air-Event. Ich liebe es, im Sommer dort mit Freunden zu sitzen und mir Opern oder ähnliche Mitschnitte anzuschauen, die ich sonst wahrscheinlich nie gesehen hätte.

LOW $ BUDGET

www.filmfestival-rathausplatz.at

SEPTEMBER

BUSKERS FESTIVAL

Bunt, kreativ, innovativ – das internationale Straßenkunstfestival wird dich in seinen Bann ziehen. An drei Tagen treten über 100 Künstler auf dem Karlsplatz auf. Mit dabei sind Feuerkünstler, Jongleure, Magier, Akrobaten und Musiker aus aller Welt. Ein Kinderprogramm und Verkaufsstände gehören mit dazu, zudem kannst du diverse Workshops zu Themen wie Up- und Recycling machen. Der Eintritt ist übrigens frei.
www.buskerswien.at

OKTOBER

WEINWANDERTAG

Im Herbst kannst du nicht nur Wien erkunden, sondern auch dessen Weinberge. Am Weinwandertag hast du die Wahl zwischen drei oder vier Routen unterschiedlicher Länge, die durch die Anbaugebiete führen. Entlang der Strecken kannst du mitunter atemberaubende Aussichten genießen und natürlich bei Winzern und Heurigen edle Weine verkosten und dich stärken. Die praktische Weinwandertag-App, mit der du auch digitale Wanderstempel sammeln kannst, zeigt die Routen an.

WIENER WIESN

Das Oktoberfest kann man auch in Wien feiern! Schauplatz ist die Kaiserwiese im Prater: Gute Party-Stimmung sowie Volksmusik und Schlager findest du in den drei Festzelten; in den fünf Almhütten und im Wiesn-Fest Dorf gibt's Unterhaltung, Handwerkskunst und regionale Leckerbissen. Viel heimisches Bier, Wiener Schnitzel und Co. dürfen dabei natürlich auch nicht fehlen! Tracht einpacken!
www.wienerwiesnfest.at

NATIONALFEIERTAG & MILITÄRPARADE

Jedes Jahr am 26. Oktober feiert Österreich den Nationalfeiertag. Neben diversen Veranstaltungen wie Führungen durch die Hofburg und das Parlament präsentiert das Österreichische Bundesheer die traditionelle Leistungsschau. Auf der Ringstraße findet die Militärparade statt, am Wiener Heldenplatz die Kranzniederlegung und die „Rekrutengelobung".

LANGE NACHT DER MUSEEN

Über 90 Museen in einer Nacht besichtigen – wie soll man das nur schaffen? Klar, alle Museen wirst du nicht besuchen können, aber einige kannst du bestimmt von deiner Liste abhaken... Das ist vielleicht die Gelegenheit, mal Häuser anzuschauen, die du sonst nicht auf dem Schirm gehabt hättest. Von 18 bis 1 Uhr hast du Anfang Oktober Zeit dafür, das Ticket für 15 Euro ist übrigens auch als Fahrschein gültig.

www.langenacht.orf.at

NOVEMBER

WINTERMARKT AM RIESENRADPLATZ

Prater-Spaß trifft auf weihnachtliche Stimmung. Der Wintermarkt vor dem schön beleuchteten Riesenrad im Prater beginnt im November und dauert bis Anfang Januar – Zeit genug, um einem Live-Konzert zu lauschen, Punsch zu trinken, eine Runde Karussell zu fahren, Wien von oben bei einer Fahrt mit den Riesenrad zu betrachten und und und...

www.wintermarkt.at

DEZEMBER

CHRISTKINDLMÄRKTE

Glitzernde Lichter, geschmückte Tannenbäume und der Duft von Punsch – die Adventsmärkte in Wien sind einfach zauberhaft. An 27 Plätzen sind sie zu finden, und jeder hat sein ganz eigenes Flair. Zu den schönsten und beliebtesten Weihnachtsmärkten gehören der auf dem Rathausplatz, der vor dem Schloss Schönbrunn und der vor der Karlskirche. Weitere Infos und Standorte gibt's unter www.wien.info.

SILVESTERPFAD

Rund 800 000 Besucher auf einer 4 km langen Partymeile in der Wiener Innenstadt – der Silvesterpfad ist das größte Silvesterspektakel in Österreich, und du kannst mitfeiern! Am letzten Tag des Jahres warten Essensstände, Musikbühnen, die „Straße des Glücks" und vieles mehr auf dich. Abgerundet wird das Event mit dem Feuerwerk über dem Rathaus und dem Läuten der Glocke des Stephansdoms. So einen Jahreswechsel wirst du nicht vergessen!

www.wienersilvesterpfad.at

LE GRAND BAL HOFBURG SILVESTERBALL

Sehr stilvoll wird der Übergang ins neue Jahr beim Silvesterball in der Hofburg gefeiert. Zum glamourösen Rahmenprogramm gehören u. a. ein Galadinner, angesehene Orchester und der traditionelle Donauwalzer. Es herrschen strenge Vorschriften in Sachen Etikette und Kleidung: Einlass wird nur in Smoking oder Frack bzw. langem Abendkleid gewährt. Schüler und Studenten können Karten für 70 Euro ergattern – man muss aber schnell sein.

www.hofburgsilvesterball.com

FESTIVALS

DIE FRAGE IST NICHT OB, SONDERN ZU WELCHEM FESTIVAL DU GEHST.
WIEN HAT, WIE BEI FAST ALLEN DINGEN, FUER JEDEN ETWAS.
WERDE EINS MIT DEN VIELEN VIBES DER STADT!

WAVES VIENNA

Du willst Bands erleben, noch bevor sie
groß rausgekommen sind? Die noch nicht
berühmt sind oder nur regional bekannt,
aber es verdient haben, auf der Bühne zu
stehen? Dann musst du zum Waves Vienna
Festival kommen, das Anfang September oder Oktober rund um den 9. Bezirk
veranstaltet wird. Das Showcase-Festival
bietet genau solchen Bands eine Bühne
und Aufmerksamkeit – egal, ob sie aus den
Genres Alternative, Elektro, Pop, Rock
oder Clubmusik kommen. Zwei Gastländer
stehen unter dem Motto „East Meets West"
mit Musik aus Osteuropa im Fokus, und
diese wird auch bei der Waves Festival
Conference, einem Teil des Musikfestivals,
mit Panels und Workshops thematisiert.
Hier entdeckst du bestimmt das eine oder
andere neue Musikjuwel.
www.wavesvienna.com

DONAUKANALTREIBEN

Die Donaukanalpromenade wird jährlich
im Mai oder Juni zum Mittelpunkt dieses
Musikfestivals. Von der Spittelau bis zur
Franzensbrücke wird an etwa 15 Orten
gefeiert: Strandbars, Clubs, Strände, die
Grelle Forelle, das Badeschiff und viele
andere Locations laden ein und versorgen
dich mit Urlaubsfeeling, guter Musik und
Spaß. Vor allem österreichische Bands
treten bei Live-Konzerten auf, und kulinarische Leckerbissen dürfen natürlich
auch nicht fehlen. Nachts geht es dann bei
Indoor-After-Show-Partys
weiter. Falls du nicht zu
Fuß gehen willst, bringt
dich das gelbe Wiener
Bootstaxi zur gewünschten Location – und das
kostenlos! Überhaupt ist der
Eintritt zum Donaukanaltreiben frei.
www.donaukanaltreiben.at

LOW $ BUDGET

HOLI FESTIVAL DER FARBEN

Bestimmt kennst du das HOLI-Festival
schon aus anderen Städten. Auch Wien ist
jedes Jahr bei diesem Farbenspektakel mit
dabei. Im Sommer heizen DJs und Bands
musikalisch ein und zu jeder vollen Stunde
kommt ein Farbcountdown: Dann wirfst
du gemeinsam mit anderen Feiernden
Farbpulver in die Luft. Im Mittelpunkt

PLEASE don't STOP THE Music

stehen österreichische Musiker, sowohl Stars wie DJ Rene Rodrigezz als auch Nachwuchsbands sorgen für gute Stimmung. In der Chill-Out-Area kannst du es auf Liegestühlen und Sitzsäcken entspannt angehen lassen. Am besten helle oder weiße Kleidung anziehen, die du nicht mehr brauchst! Die Farben sind zwar wasserlöslich, aber du solltest auf Nummer sicher gehen – außerdem sieht man so auch viel besser die Farben!
www.holiopenair.at

love is in the air

Zu sehen waren schon Greta van Fleet, The 1975 und Scooter.
www.metastadtopenairs.com

CITY OF SOUND FESTIVAL

Das Open-Air-Gelände der Wiener Krieau wird an einem Samstag im August zur City of Sound. Das neue Musikfestival hätte eigentlich 2020 zum ersten Mal in Graz stattfinden sollen und wechselt nun seinen Standort in die österreichische Hauptstadt. Mit Platz für ungefähr 15 000 Fans stehen deutscher HipHop und Dancehall im Mittelpunkt des Festivals: Als Headliner sind bei der Premiere Seeed aus Berlin bestätigt; Fettes Brot, Frittenbude, Fritz Kalkbrenner, Nura und viele weitere Acts stehen des Weiteren auf dem hochkarätigen Programm.

AUFWIND – TANZ DURCH DEN TAG

2019 feierte das Festival für Indie, Rock, Pop und Hip Hop Premiere. Die MetaStadt im 22. Bezirk eignet sich mit sechs Arealen und Hallen ideal für Konzerte und Events, und der Mix aus Backsteinbauten und modernem Design verbreitet seinen ganz besonderen Charme. Eine Woche lang findet jeden Abend ein Konzert in dieser hippen Location statt.

FM4 FREQUENCY FESTIVAL

Das Frequency Festival blickt auf eine lange Festivalgeschichte zurück, 2001 wurde das Musikfestival zum ersten Mal in Wien veranstaltet, von 2002 bis 2008 fand es am Salzburgring statt und seit 2009 ist St. Pölten seine neue Heimat – die Stunde Fahrt von Wien dorthin lohnt sich aber definitiv! Bei diesem Musikfestival sind vor allem die Indie-, Rock-, Pop- und Elektro-Szene vertreten und jede Menge bekannte Stars mischen hier mit: Die Foo Fighters, Macklemore, Casper, Mumford & Sons, Deichkind, Billie Eilish und Ed Sheeran traten bereits auf einer der Bühnen auf. Rund 200 000 (!)Musikliebhaber pilgern jedes Jahr zu diesem Event und auch du kannst hier im Green Park das Festivalfeeling einsaugen.
www.frequency.at

Schnellverbindu

in Wien

Legend:

teilweise barrierefrei / limited accessibility	
U1	U-Bahn-Linie
S S S	S-Bahn-Linie
	Lokalbahn Wien-Baden
	Kundenzentrum der Wiener Linien (U3 Erdberg)
i	Infostelle der Wiener Linien
	Ticketstelle der Wiener Linien
P+R	Park & Ride
CAT	City Airport Train (Eigener Tarif, VOR-Tickets ungültig)
S 7	Flughafen Wien (Eigener Tarif)
vib International	Vienna International Busterminal

Stations and lines:

Nußdorf · S40 · S3 S4 · Neue · Heiligenstadt U4 · Oberdöbling · S45 · Krottenbachstr. · P+R i Spittelau · Jägerstraße · Nußdorfer Straße · Dresdner Straße · Gersthof · Währinger Straße Volksoper · Friedensbrücke · Hernals · Michelbeuern AKH · S40 Franz-Josefs-Bahnhof · Roßauer Lä · Alser Straße · Schottenring · Ottakring U3 · P+R Kendlerstraße · Josefstädter Straße · Schottentor i · Schweden · Hütteldorfer Straße · Thaliastraße · Schwedenplatz · Johnstraße · Burggasse Stadthalle · Rathaus · Herrengasse · Breitensee · Schweglerstraße · Westbahnhof · Ziegierg. · Neubaug. · Volkstheater · i · Step · Penzing · Museumsquartier · Stephl · S50 · S45 · Gumpendorfer Straße · Margaretengürtel · U2 · Karlsp · Purkersdorf-Sanatorium · Unterrohr · Wolf in der Au · Braunschweiggasse · Taubstummengasse · Weidlingau · Hadersdorf · Unter St. Veit · Pilgramgasse · Kettenbrückengasse · Bel · S50 · P+R · U4 · Hietzing · Schönbrunn · S80 · Hütteldorf · Ober St. Veit · Meidling Hauptstraße · Längenfeldg. · Niederhofstraße · Keple · Speising · Bahnhof Meidling S1 i · Matzleinsdorfer Platz · Süd tiroler Platz Hauptbahnhof · Re · Hetzendorf · Schedifkaplatz · Tscherttegasse · Schöpfwerk · Atzgersdorf · Am Schöpfwerk · Gutheil-Schoder-Gasse · Alterlaa · Inzersdorf Lokalbahn · P+R Liesing · Neu Erlaa · Blumental · Erlaaer Straße · Schönbrunner Allee · S2 · Perfektastraße P+R · Vösendorf-Siebenhirten · S3 · S60 · S4 · Siebenhirten P+R U6 · WLB Wiener Neudorf, Baden (Endstation)

en

...rf

...ner Straße

U6

Floridsdorf

Siernensstraße

Gerasdorf

S 2
S 7

U1 P+R

Leopoldau

Süßenbrunn

S 1

Großfeldsiedlung

Aderklaaer Straße P+R

Rennbahnweg

Kagraner Platz

Kagran

Alte Donau

Kaisermühlen VIC

Donauinsel

Vorgartenstraße

Erzherzog-Karl-Straße   Hirschstetten

Hausfeldstraße   Aspern Nord

S 80

Messe
Prater

Prater-
stern

Krieau

Stadion

Landstraße
(Bhf. Wien Mitte)

Rochusgasse

Kardinal-Nagl-Platz

Schlachthausgasse

Erdberg   vib   P+R

Gasometer

Zippererstraße

Rennweg

Biocenter Vienna
St. Marx

Geiselbergstr.

Enkplatz

Donaustadt-
brücke

P+R

Donaumarina

Aspernstraße

Hardeggasse

Stadlau

Donauspital

Donauspital

Seestadt

U2

Praterkai

Haidestraße

Simmering

U3

Zentralfriedhof

Grillgasse

Kaiserebersdorf

Schwechat

...dgut

...agasse

Neulaa   P+R

Oberlaa   U1

Kledering

Mannswörth

Flughafen
Wien

S 60

S 7

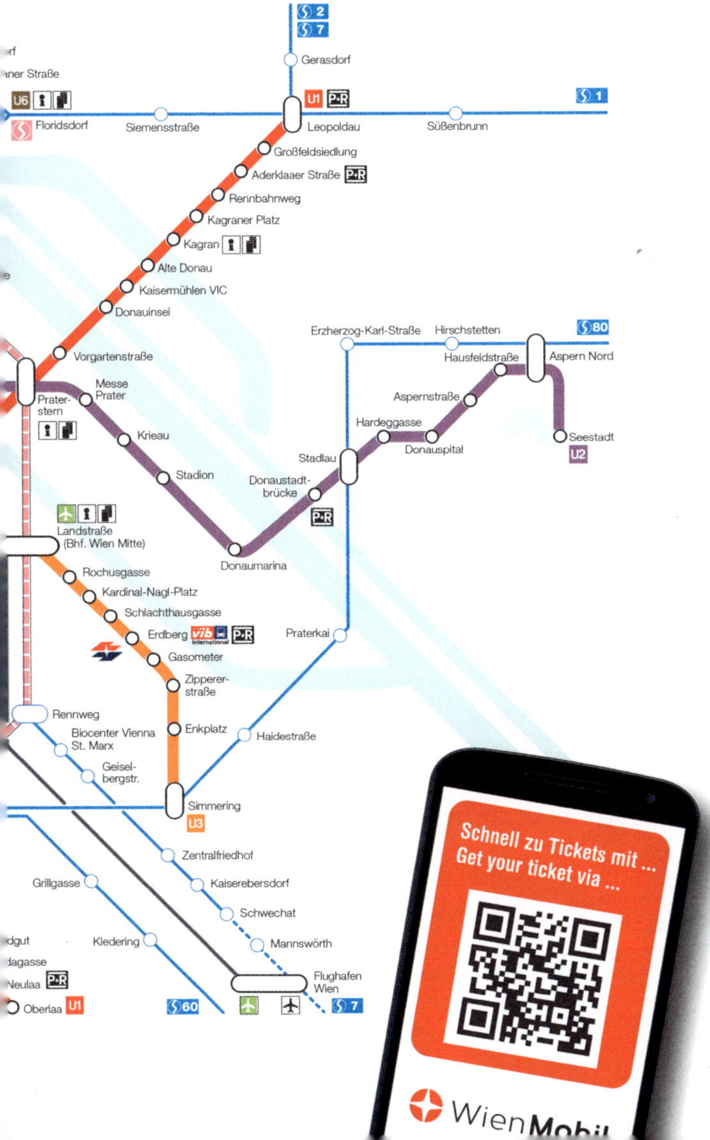

LEAVE ONLY
Footsteps
TAKE ONLY
Memories.

HALT SIE FEST! DEINE GANZ PERSÖNLICHEN
HOT SPOTS, GEHEIMTIPPS & ERINNERUNGEN.

Vor der Reise

NICHT VERGESSEN!

WERDE ZUM
RESTAURANTKRITIKER
Wien

RESTAURANT / CAFÉ

ORT / DATUM

GERICHT

KOMMENTAR

☆ ☆ ☆ ☆ ☆   EMPFEHLENSWERT   YES ☐   NO ☐

RESTAURANT / CAFÉ

ORT / DATUM

GERICHT

KOMMENTAR

☆ ☆ ☆ ☆ ☆   EMPFEHLENSWERT   YES ☐   NO ☐

RESTAURANT / CAFÉ

ORT / DATUM

GERICHT

KOMMENTAR

☆ ☆ ☆ ☆ ☆   EMPFEHLENSWERT   YES ☐   NO ☐

RESTAURANT / CAFÉ

ORT / DATUM

GERICHT

KOMMENTAR

☆ ☆ ☆ ☆ ☆   EMPFEHLENSWERT   YES ☐   NO ☐

Yummy, Yummy!

RESTAURANT / CAFÉ

ORT / DATUM

GERICHT

KOMMENTAR

☆ ☆ ☆ ☆ ☆   EMPFEHLENSWERT   YES ☐   NO ☐

Genug von Wien?

DANN REISE MIT UNS DOCH MAL NACH...

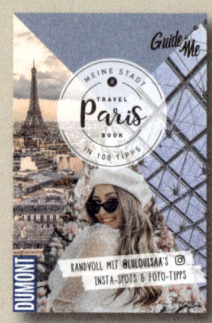

DEINE LIEBLINGSSTADT FEHLT? DANN
SCHREIB UNS UNTER HELLO@GUIDEME.CH.
VIELE WEITERE GUIDEME-PRODUKTE
FINDEST DU UNTER WWW.GUIDEME.CH.

BILDNACHWEIS

Fotos: Lisa Bögelein (Cover l. und M., Rückcover, 3 und 4, 12, 19 o., 28 l., 29 u., 43, 46, 47, 50 l., 52 o., 53, 54, 56, 64, 72, 74, 75, 78, 91, 104, 108, 110, 111, 113, 121, 128, 134); Crème de la Crème: Mike Rabensteiner (80); das-rund.com (106); DuMont Bildarchiv: Toni Anzenberger (130), Ernst Wrba (103); Eis-Greissler (55); iStockphoto: saiko3p (Cover r.); Klyo: Matthias Kniepeiss (32); Jan Lackner (137); laif: Daniel Biskup (37), Robert Haidinger (135), Evelyn Rois & Bruno Stubenrauch (11, 17, 20, 85, 114, 140), Cathrine Stukhard (23, 138, 140/141); laif/Le Figaro Magazine: Arnaud Robin (62); mauritius images: Rainer Hackenberg (69, picture-alliance: Rainer Hackenberg (84); picture-alliance/APA/picturedesk.com: Julie Brass (58, 65), Jürg Christandl (24), Herbert Lehmann (131), Jeff Mangione (68, 82); SchachtelW!RT (31); Shutterstock: Hussein Abdalla (123), andysavchenko (100 l.), Roman Babakin (70), Babaroga (112/113), Balakate (35), BB2 (118), Radu Bercan (52, 77), b-hide the scene (90), Tatiana Bralnina (126), Bravavod161 (122), Natasha Breen (136), canadastock (38, 97), CK Travels (48, 66), Simone Crespiatico (99), Alexxandro Cristiano (50 r.), Damira (132/133), Elusive Edamame (98), frantic00 (26), Maykova Galina (52 u.), Inspired By Maps (36), David Irlweg (132), Ironika (100 r.), JasaShmasa (44), Matej Kastelic (109), Kagan Kaya (71), Kzenon (105), Karl Allen Lugmayer (30), manfredxy (19 u.), mRGB (86, 92/93), Melinda Nagy (120 l.), Giannis Papanikos (57), Pavel L Photo and Video (34), Roman Plesky (124), Stefan Rotter (102), Rrrainbow (21), SergeiSki (96), sigfx (93), Calin Stan (16/17), TasfotoNL (22/23), Tendo (83), Timelynx (63), Tupungato (27), ver0nicka (127), Jason Wells (42); Time Travel Vienna (18); ULRICH & ERICH Gastronomie GmbH: Christof Wagner (76); Vollpension: Mark Glasser (94)

IMPRESSUM

1. Auflage, Juni 2021
ISBN | 978-3-8283-0959-3

Konzeption & Chefredaktion | Selina Louise Missel
Co-Autorin | Lisa Bögelein
Produktion | red.sign GbR, Stuttgart
Design & Illustration | Ina-Marie Inderka
Kartografie | Hallwag Kümmerly+Frey AG

Printed in Italy

Sag uns deine Meinung!

Egal, ob du uns von deinem schönsten Urlaubsmoment, dem besten Foodspot oder der coolsten Foto-Location erzählen willst, schreib uns unbedingt! Natürlich freuen wir uns auch über Lob und Kritik zu unseren TravelBooks.

hello@guideme.ch

Hinweis

Dieser Reiseführer wurde natürlich mit allergrößter Sorgfalt und viel Herzblut für dich erstellt und recherchiert, allerdings können dem größten Streber Fehler unterlaufen und manche Adressen und Gegebenheiten ändern sich schneller, als man denkt. Deshalb müssen wir aus rechtlichen Gründen betonen, dass inhaltliche und sachliche Fehler leider nicht ausgeschlossen werden können. Alle Angaben sind ohne Gewähr des Autors oder des Verlages und somit besteht keine Haftung. Sollten dir allerdings Fehler auffallen, freuen wir uns über eine Nachricht von dir an hello@guideme.ch. PS.: Einen kleinen „Fehler-Finderlohn" gibt's dann natürlich auch von uns!

@guideme_travel | www.guideme.ch